"EU TAMBÉM FUI TORTURADO"

FERIDAS ABERTAS DA DITADURA MILITAR BRASILEIRA

Catalogação na Fonte
Elaborado por: Josefina A. S. Guedes
Bibliotecária CRB 9/870

	Souza, Eliton Felipe de
S729e 2021	"Eu também fui torturado": feridas abertas da ditadura militar brasileira / Eliton Felipe de Souza. - 1. ed. – Curitiba : Appris, 2021. 179 p. ; 21 cm. - (Ciências sociais).
	Inclui bibliografia. ISBN 978-65-250-1653-5
	1. Ditadura – Santa Catarina. 2. Partido comunista - Brasil. I. Título. II. Série.
	CDD – 320.9

Livro de acordo com a normalização técnica da ABNT

Appris editora

Editora e Livraria Appris Ltda.
Av. Manoel Ribas, 2265 – Mercês
Curitiba/PR – CEP: 80810-002
Tel. (41) 3156 - 4731
www.editoraappris.com.br

Printed in Brazil
Impresso no Brasil

Eliton Felipe de Souza

"EU TAMBÉM FUI TORTURADO"

FERIDAS ABERTAS DA DITADURA MILITAR BRASILEIRA

Appris editora

A todas e a todos os militantes presos durante a ditadura militar brasileira,
pela coragem e ousadia que tiveram em seguir lutando.

AGRADECIMENTOS

A todas e a todos os que, de alguma forma, estiveram presentes na produção deste trabalho. Amigos e familiares que apoiaram as minhas escolhas acadêmicas e profissionais e, principalmente, às personagens envolvidas nessa história: mulheres e homens que se entregaram à luta revolucionária em prol de um país verdadeiramente justo.

Se vives nas sombras, frequentas porões, se tramas assaltos ou revoluções, a lei te procura amanhã de manhã com seu faro de doberman.
(Chico Buarque)

Não foi uma luta em vão! Não era em nosso proveito nenhum, era em proveito do Brasil, da democracia.
(Edgar Schatzmann)

APRESENTAÇÃO

Sequestros, prisões e torturas no Sul do Brasil

A cidade de Joinville, no norte do estado de Santa Catarina, é o cenário onde este livro se desenrola. A história ocorreu em meados da década de 1970, em plena vigência do AI-5, mas já com a abertura política "lenta, gradual e segura" iniciada pelo governo do ditador Ernesto Geisel. Nela, um grupo de militantes políticos acaba por conhecer a face mais cruel de um governo despótico. À revelia, são sequestrados pelo Estado brasileiro de suas casas e locais de trabalho e levados à prisão em lugares que eles desconheciam, nos quais são brutalmente torturados psicológica e fisicamente. Esse grupo era vítima da Operação Barriga Verde (OBV), a maior operação militar ocorrida em solo catarinense durante a ditadura.

Fruto de intensa pesquisa levada a cabo pelo autor entre os anos de 2012 e 2014, esta obra é pautada pelo resgate da memória daqueles militantes presos, antes que estas sejam apagadas pelo interesse de uma elite política que mantém raízes profundas na ditadura militar.

A luta política dos opositores capturados pela OBV deu-se no âmbito da formação do Partido Comunista Brasileiro. Em Santa Catarina, o Partidão, como era conhecido o PCB, agia na clandestinidade, mas permanecia organizado, atuando diretamente na composição do Movimento Democrático Brasileiro (MDB), único partido de oposição permitido pela ditadura. Eram dezenas de militantes espalhados pelo estado, com envolvimento na Juventude Emedebista, na reestruturação sindical e assessorando cargos eletivos. Alguns eram figuras públicas conhecidas, outros, com documentos falsos, eram procurados pela repressão. O objetivo de todos era derrubar a ditadura e restabelecer a democracia no país.

A partir de 1974, os resultados eleitorais Brasil afora demonstraram que a ditadura começava a definhar. Os anos dos generais no poder estavam próximos do fim. Se depois de 1968, com o AI-5, a luta armada pareceu para muitos brasileiros, a única forma de derrubar o governo, depois de 1974, já com a maior parte dos guerrilheiros mortos ou sob custódia do Estado, implodir o regime pela via eleitoral se mostrava possível e os militares estavam cientes disso.

A democracia demoraria ainda 15 anos para ressurgir, em 1989. Antes disso, porém, vieram os choques elétricos, a fome, as palmatórias, o encapuzamento, os socos, os afogamentos, os escarros no rosto, as rodas de surra, os tapões nos ouvidos, as humilhações, o café quente nas genitálias, a privação de sono, os fios de barba arrancados com alicate, a exibição de outros presos sendo torturados, as gravações contínuas de homens, mulheres e crianças em gritos desesperados em permanentes sessões de tortura, o isolamento total, as ameaças de morte. Essas são apenas algumas das situações relatadas pelos presos da OBV, em um documento produzido no ano de 1976.

O medo dos expurgos e das prisões que poderiam atingir de ditadores a torturadores, passando por colaboradores do regime em todo o país, levou a ditadura a uma segunda frente de ataque, não mais contra militantes armados, mas contra civis organizados em torno do que poderia se tornar (se o Estado não agisse) uma potente força política à esquerda. Era preciso, portanto, eliminar os comunistas.

Entraram em cena as Operações Militares de combate à oposição civil, no rastro da Oban (Operação Bandeirante), lançada em abril de 1969, na cidade de São Paulo, com militares das Forças Armadas, das polícias civil e militar e da Polícia Federal para combater grupos chamados de subversivos. Foram criadas a Operação Radar, em âmbito nacional, visando destruir o comando central do PCB, e operações de menor porte nos estados, como a OBV, em Santa Catarina.

A consequência dessas ações foi devastadora na vida pessoal e política dos militantes presos. A intenção do Estado brasileiro era aniquilar a oposição de todas as formas possíveis. Se permanecessem vivos, os comunistas ficariam incapazes de seguir na vida pública. O resultado foi quase impecável.

Ao conquistarem a liberdade, diferentemente dos militares beneficiados pela Lei de Anistia, de 28 de agosto de 1979, os militantes comunistas presos pela OBV não ficaram livres. Foi difícil vencer o preconceito: ser reconhecido como ex-preso, e não importava se haviam sido prisões políticas, dificultava o simples retorno ao trabalho. Atuar na vida política, temendo voltar à prisão, afugentava a maioria. Recomeçar, quando os quadros políticos do partido eram outros, era complicado. Em alguns casos, entregar-se ao álcool, aos cigarros ou à igreja foi a única solução. O medo e a depressão tornaram-se amizades inseparáveis para alguns e o suicídio de um deles somado, às inúmeras tentativas de outro, dão o tom do que foi continuar vivendo depois da Operação Barriga Verde.

Joinville, Santa Catarina e, sobretudo, o Brasil precisam ser sempre lembrados sobre aqueles que lutaram pela nossa democracia, e é isso que este livro pretende.

PREFÁCIO

Feridas abertas na história brasileira – e suas consequências

A nação brasileira mantém as chagas de sua história abertas por tanto tempo que algumas delas não cicatrizam jamais. A escravidão é o exemplo mais óbvio, mas outros não faltam: da "independência" que nos manteve sob rei português (e consagrou o "descobrimento" como mito fundador) à "república" que converteu em ministro o antigo conselheiro real (e preservou a hierarquia social mista de aristocracia e sociedade de castas). A ditadura civil-militar — seus crimes, a corrupção, a violência de toda sorte — deixou tantas feridas que, 35 anos depois da transição transada, as pústulas ainda estavam em Brasília.

Quando Felipe colheu os depoimentos de 21 pessoas, utilizados na pesquisa de mestrado que resultou neste livro, entre 2013 e 2014, seria estigmatizado como fantasioso quem formulasse a hipótese de eleição presidencial de um tenente expulso do Exército por terrorismo, a liderar um governo de extrema direita composto por milhares de militares da ativa em quase todas as pastas, da Saúde ao Meio Ambiente, da Educação à Infraestrutura. A mentalidade dos antigos ditadores voltou ao poder como tragédia democrática. Trouxe de volta tudo o que sempre estivera sob aquela crosta como farsa: a crueldade na apologia à tortura e ao armamento; o moralismo a justificar a supressão de liberdades; o entreguismo disfarçado de nacionalismo; a velha corrupção renomeada de rachadinha. Como tragédia, apresentou o país ao pus das milícias.

Este livro será atual enquanto o que remanescer da ditadura não for cauterizado pela lei e pela política. É tentador parafrasear Nabuco: o nosso caráter, o nosso temperamento, a nossa organização toda, física, intelectual e moral, acha-se terrivelmente afetada pelas influências com que a ditadura militar passou 30 anos a permear a sociedade brasileira. A empresa de anular essas tendências é superior, por certo, aos esforços de uma só geração, mas, enquanto essa obra não estiver concluída, um livro como o de Felipe terá sempre razão de ser.

A obra ajuda-nos a repensar dois dos conjuntos intersectados de atores sociais daquela experiência histórica: a resistência comunista e a opressão militar aos adversários da ditadura.

As lembranças dos militantes recolhidas por Felipe são de uma intensidade tocante. Elas reviram a memória da Operação Barriga Verde (OBV), principal ação militar contra opositores em Santa Catarina, que perseguiu a extinção da organização do Partido Comunista no estado. O cenário é Joinville, cidade catarinense mais populosa, justamente reconhecida por mentalidade conservadora e, não por acaso, preferência política muito majoritariamente à direita (à exceção de alguns pleitos do início dos anos 2000). A pesquisa documenta o modo como a tortura integrou o processo que visava a proscrição da incipiente organização comunista na cidade e no estado. "Esquecer o que aconteceu em Santa Catarina durante a OBV é condenar uma segunda vez os indivíduos que lutaram pela redemocratização", observa o autor.

Os depoimentos e documentos aqui reunidos mostram como a OBV minou a organização dos comunistas, e como o sistema de justiça em Santa Catarina operou em favor dos torturadores. Indicam que a ditadura alcançou seu objetivo, ao matar militantes (ou traumatizar os que sobreviveram) e, concomitantemente, promover a ideologia funcional ao arbítrio. A experiência política do Brasil de 2020 comprova o quanto a mentalidade da ditadura segue viva — na defesa do regime, na apologia à tortura e à violência estatal, no raciocínio que defende a eliminação dos opositores, na criação de fantasias sobre o "comunismo" úteis à mobilização de apoiadores, na estética pseudonacionalista. A ditadura é um fantasma bem ativo.

Quem diz "eu também fui torturado" é um dos personagens deste livro. Mas, enquanto a nação não repetir essa frase como sua — "Eu, Brasil, também fui torturado" —, as feridas da ditadura seguirão na paisagem social e política. Décadas depois, talvez seja tarde demais para reivindicar sanções judiciais aos responsáveis pela tortura, pela criação de longevos esquemas de corrupção, pela destruição de patrimônio educacional e político. Mas nunca será inócuo nomeá-los, condenar publicamente suas práticas e recusá-las com veemência. É o que fizeram nações que decidiram se reconstruir depois de ditaduras e holocaustos, para aprender a segregar torturadores, déspotas e corruptos — e para jamais elegê-los.

Prof. Dr. Jacques Mick
Professor do Departamento de Sociologia e Ciência Política da Universidade Federal de Santa Catarina desde 2009, atua nos Programas de Pós-Graduação em Sociologia e Ciência Política e em Jornalismo da UFSC. Orientou a dissertação de Eliton Felipe de Souza que deu origem a este livro.

LISTA DE ABREVIATURAS E SIGLAS

AAT	Associação Atlética Tupy
ACIJ	Associação Comercial Industrial
Adesg	Associação dos Diplomados da Escola Superior de Guerra
ADPF	Associação Nacional dos Delegados da Polícia Federal
AHJ	Arquivo histórico de Joinville
AI	Ato Institucional
AI-2	Ato Institucional n.º 2
AI-5	Ato Institucional n.º 5
AIB	Ação Integralista Brasileira
ALN	Ação Libertadora Nacional
Alesc	Assembleia Legislativa de Santa Catarina
ANL	Aliança Nacional Libertadora
AP	Ação Popular
Arena	Aliança Renovadora Nacional
BC	Batalhão de Caçadores
BI	Batalhão de Infantaria
CEVPSW	Comissão Estadual da Verdade Paulo Stuart Wrigth
Cenimar	Centro de Informações da Marinha
CPC	Centro Popular de Cultura
CIA	Agência Central de inteligência
CIE	Centro de Informações do Exército
Cipla	Cia. Industrial de Plásticos
CNV	Comissão Nacional da Verdade
Corrente	Corrente Revolucionário de Minas Gerais
CVJ	Câmara de Vereadores de Joinville
DI-GB	Dissidência da Guanabara
DI-RJ	Dissidência do Rio de Janeiro
Disp	Dissidência Universitária de São Paulo

DOI-Codi	Destacamentos de Operação Interna – Centros de Operação e Defesa Interna
Dops	Departamento de Ordem Política e Social
DSN	Doutrina de Segurança Nacional
ESG	Escola Superior de Guerra
ETT	Escola Técnica Tupy
EUA	Estados Unidos da América
FFAA	Forças Armadas
IC	Internacional Comunista
IML	Instituto Médico Legal
Ipes	Instituto de Pesquisas e Estudos Sociais
LSN	Lei de Segurança Nacional
MAD	Destruição Mútua Assegurada
MDB	Movimento democrático Brasileiro
MFDL	Marcha da Família com Deus pela liberdade
MR8	Movimento Revolucionário 8 de Outubro
OAB	Ordem dos Advogados do Brasil
Oban	Operação Bandeirante
OBV	Operação Barriga Verde
OC	Operação Condor
OEA	Organização dos Estados Americanos
ORM-Polop	Organização Revolucionária Marxista – Política Operária
Otan	Organização do Tratado do Atlântico Norte
PC	Partido Comunista
PCB	Partido Comunista Brasileiro
PCdoB	Partido Comunista do Brasil
PDS	Partido Democrático Social
PDT	Partido Democrático Trabalhista
PEI	Política Externa Independente
PL	Partido Liberal
PM	Polícia Militar

PMDB Partido do Movimento Democrático Nacional
POC Partido Operário Comunista
PP Partido Progressista
PPS Partido Popular Socialista
PSP Partido Social Progressista
PT Partido dos Trabalhadores
PTB Partido Trabalhista Brasileiro
PSD Partido Social Democrata
RM Região Militar
SNI Serviço Nacional de Informação
UAPPL Universidade de Amizade dos Povos Patrice Lumumba
UCFJ União Cívica Feminina de Joinville
UDN União Democrática Nacional
Univille Universidade da região de Joinville
UFPR Universidade Federal do Paraná
UFSC Universidade Federal de Santa Catarina
UNE União Nacional dos Estudantes
URSS União Soviética
VPR Vanguarda Popular Revolucionária

SUMÁRIO

1

A IMPORTÂNCIA DA MEMÓRIA NA CONSTRUÇÃO HISTÓRICA E SOCIOLÓGICA

Recordar: Do latim re-cordis, voltar a passar pelo coração.
Eduardo Galeano

De acordo com o Michaelis (2008, p. 576), dicionário prático da língua portuguesa, o verbete *memória* pode ser definido como a "faculdade de conservar ou readquirir ideias ou imagens; [...] a capacidade dos organismos vivos de se aproveitarem da experiência passada". No entanto, essa simples descrição não dá conta de definir o conceito, pois as lembranças são compostas por muito mais do que experiências traduzidas em ideias e imagens fixas. Lembrar é um constante ressignificar os acontecimentos e as sensações oriundas desses momentos. A memória é um fenômeno individual, mas coletivizado, ou coletivo, mas individualizado, as recordações são modificadas de acordo com as relações que os indivíduos tecem uns com os outros, tendo tido participação com o ocorrido ou não.

Podemos afirmar, portanto, que a memória pode ser traduzida como reminiscências do passado que afloram nos pensamentos de cada indivíduo, assim como a capacidade que temos de armazenar dados referentes a fatos vividos no passado. De acordo com Leal (2012), essas definições devem ser classificadas como multimodal, multidisciplinar e multidimensional.

Em 2008, ainda como um aluno da graduação em história, tive o prazer de participar do lançamento do livro *Os quatro cantos do Sol,* do jornalista e historiador Celso Martins. Naquela noite, o autor dividiu a mesa de debates na Universidade da Região de Joinville (Univille) com o Senhor Edgar Schatzman, uma das personagens da obra que relatava os caminhos dos comunistas catarinenses durante a ditadura militar, a partir da visão de alguém que esteve envolvido no processo.

O evento fazia parte das atividades de rememoração dos 50 anos da assinatura do Ato Institucional n.º 5, o famoso AI-5. Naqueles dias o processo de construção e divulgação da memória da ditadura estavam por todos os lados da universidade.

"Ao Felipe, com um forte abraço e desejo de uma produtiva leitura. Atenciosamente, Celso Martins!", a dedicatória é sucedida da assinatura do autor e do senhor Schatzmann. O livro ficou guardado na minha estante por alguns anos e a memória daquele dia foi aos poucos se modificando, sendo reconfigurada de acordo com o conhecimento que fui adquirindo sobre o assunto, assim como pela rede de contatos que estava presente durante o evento.

Sabendo que a memória seria uma forma de dar voz àqueles que foram colocados em segundo plano, permitindo que as ações realizadas por esses indivíduos sejam trazidas à tona, reproduzindo por meio da pesquisa científica suas lembranças. Decidi que era preciso falar mais sobre o assunto. Que a resistência de joinvilenses como o Senhor Edgar, durante a ditadura militar, precisava ser contada. Era preciso conhecer e reconhecer a luta e o sofrimento de quem se contrapôs ao governo ditatorial ou foi por ele atingido direta ou indiretamente. Não era preciso ser um preso político para sofrer com as prisões, aqueles que ficavam do lado de fora das masmorras sofriam também. Luiz Carlos Fagundes Lemos, por exemplo, lembra como o pai, Theodomiro Fagundes Lemos, passava os dias ao lado da família:

> *Pesadelos, [...] não podia sair, pedir a conta [do trabalho de fiscal da fazenda] faltando seis anos para aposentar [...] e o medo porque o regime endureceu cada vez mais [...] e ele começou a ficar com receio de ser preso novamente [...] e quando foi 1973, nove anos depois de ele ter sido preso, de ele sofrer tudo isso, ele faleceu. [...] Porque daí aconteceu aquilo que, infelizmente, não podia ter acontecido: ele se entregou ao alcoolismo pra esquecer as*

lembranças, pra esquecer a sacanagem dos amigos dele, para esquecer o que ele viu na tortura (LEMOS, 2014).

Como viver sem se revoltar sabendo da responsabilidade do Estado sobre o que fizeram com seus familiares?

Para mim, estava claro que, havia uma forte escassez de material acadêmico referente aos anos da ditadura militar brasileira[1] e sua atuação no estado de Santa Catarina[2], e que este livro seria uma forma de contribuir com a história desse processo em municípios do interior do Brasil, como Joinville, na região norte-catarinense.

Sabe-se que a história é escrita pelos vencedores e que, geralmente, os vencidos são relegados ao limbo social. Quando se fala de Ditadura Militar Brasileira, porém, as coisas não são bem assim. O regime foi derrotado, mas não completamente vencido (prova disso são as inúmeras ruas, avenidas e prédios públicos, inclusive escolas, com nomes de ditadores, além da eleição de um presidente da República que, constantemente, enaltece torturadores). Aqueles que lutaram clandestinamente contra os militares, em sua maioria, tiveram os feitos esquecidos socialmente, e a importância reduzida

[1] Ao escrever minha dissertação de mestrado, trabalho que deu origem a este livro, utilizei a denominação "civil-militar", para caracterizar o modelo de regime adotado a partir de 1964. No entanto, conforme meus estudos avançaram, passei a entender essa designação como formulação conceitual válida apenas para o Golpe de Estado, tendo civil, como aponta Melo (2014, p. 94), um sentido claramente classista, no qual esses civis são parte de uma elite ligada aos interesses do capital multinacional e associado e como indica Dreifuss (1987, p. 417), "a maioria esmagadora dos principais técnicos em cargos burocráticos deveria (em decorrência de suas fortes ligações industriais e bancárias) ser chamada mais precisamente de empresários, ou, na melhor das hipóteses, de tecno-empresários". No entanto, não acredito que o termo civil possa ser generalizado como a forma utilizada por Reis Filho (2000, 2012), que considera que a ditadura possuía respaldo popular. Pelo contrário, entendo que a ditadura teve característica militar, visto que, ainda que ocupando cargos burocráticos, os civis estavam submetidos à batuta dos militares.

[2] Santa Catarina não possui a mesma robustez na produção científica a respeito do que ocorrera durante a ditadura militar, diferente do exemplo de estudos focados em outras regiões do país, como em "O golpe de 1964 e a instauração da ditadura civil-militar no Pará: apoios e resistências", artigo em que os pesquisadores Píere Petit e Jaime Cuéllar estudam sobre a ditadura e sua atuação política no estado do Pará antes, durante e após o golpe de estado; "Tortura e assassinato no Brasil da ditadura militar: o caso de Olavo Hansen", artigo de Pádua Fernandes e Diego Marques Galindo sobre o primeiro operário morto no Deops/SP durante a ditadura, primeiro caso, inclusive a ser denunciado à comissão interamericana dos direitos humanos, da Organização dos Estados Americanos (OEA); ou "A ação popular no rio grande do sul: 1964-1968", artigo em que Cristiane Medianeira Ávila Dias detalha a atuação daquela organização política no estado do Rio Grande do Sul, entre 1964 e 1968.

frente a do Estado. Com o fim do regime, poucos ascenderam ao poder instituído e sua memória coletiva passou a ser vista nos acontecimentos ao longo do tempo como aquilo que ficou "no passado de grupos que não estão nas instituições que detêm poder" (SILVA, 2009, p. 18).

Como indicam Schmidt e Mahfoud (1993, p. 292), será justamente nessa memória coletiva que o passado se reconstruirá e se ressignificará. A memória coletiva, portanto, seria uma forma de história vivente, existindo, sobretudo, na tradição, onde seus conteúdos se atualizam e se articulam entre si.

O próprio "esquecimento" criado pela história oficial pode e deve ser usado como fonte de pesquisa. Nesses casos, o silêncio pode estar gritando ao nosso redor. Precisamos saber ouvi-lo, interpretá-lo e compreendê-lo. Quando se trata de Joinville, por exemplo, não se pode acreditar que numa cidade industrial, a mais populosa do estado de Santa Catarina, não tenha havido nenhuma resposta da população, ou pelo menos em parte dela, aos desmandos do governo militar. A documentação oficial produzida pelo município indica que não, mas, como bem apontou Wachtel (2012), é preciso ter em mente que toda documentação tem um aspecto parcial. Elementar em uma investigação é ser capaz de realizar a crítica sobre cada documento. Quem o produziu e quais as origens. Pois, mesmo que essa documentação seja produzida pelos vencedores, a partir delas podemos escutar e conhecer a voz dos vencidos.

Partindo desses pressupostos, a história oral nos aparece, então, apresentando caminhos que podem ser traçados para a compreensão deste período. Seguindo essa linha e tendo como base as palavras *relato (story) e história (history),* existentes na língua inglesa, o sociólogo estadunidense Norman K. Denzin (1970) criou os conceitos de *life story (relato de vida) e life history (história de vida).*

Por relato de vida, Denzin designaria a história a partir do ponto de vista de quem a viveu e como esse indivíduo apresenta esses acontecimentos. Enquanto, em relação à história de vida, o autor propunha que tal conceito deveria ser pensado para compreender os estudos de casos realizados sobre uma pessoa determinada, partindo não só da própria maneira de contar os aspectos autobiográficos, mas levando em consideração, também, outras fontes documentais: como documentos judiciais, histórico médico, testes psicológicos, ou mesmo relatos de outras pessoas próximas (BERTAUX, 1999, p. 03).

Para Bourdieu (1998, p. 183), quando falamos de história de vida estamos pressupondo que a vida de alguém pode ser definida como uma história e que essa é o conjunto de acontecimentos de uma existência individual que concebemos como história a partir do relato desse indivíduo. Partindo do conceito de história de vida proposto por Denzin, então, é possível reconstruir os passos dos militantes comunistas junto ao Partido Comunista Brasilero (PCB) em cidades do interior do país, como Joinville, na resistência diante da ditadura militar.

É por meio das narrativas dos agentes sócio-históricos que podemos encontrar explicações para o desenvolvimento da sociedade em que os indivíduos vivem. Logo, podemos afirmar que as qualidades que surgem com o uso do método biográfico estão na facilidade de acesso às vivências, às representações das pessoas na sociedade e às hipóteses inesgotáveis de explicações gerais para os fatos ocorridos ou, como afirma Nora (1996, p. 10), "a resultante obrigação de lembrar faz de todo homem o seu próprio historiador" [tradução do autor].

O Partido Comunista (PC), enquanto instituição política e social, amarrou bem a sua narrativa histórica e a memória do partido passou a trabalhar por si só, influindo na organização dos quadros partidários. Esse fenômeno de reconstrução da narrativa é visto com maior clareza em momentos em que se é preciso realizar o trabalho de rearrumação da memória do grupo. No caso do PC, isso acontece sempre que há uma reorganização interna ou reorientação ideológica importante. São nesses momentos que surgem as grandes cisões ou recriações da identidade da organização (POLLAK, 1992, p. 07).

O partido está submetido, também, aos momentos históricos, mais ou menos propícios para a atuação política de seus militantes.

É notável, por exemplo, que em 24 de abril de 1945, a população de Florianópolis, capital catarinense, tenha assistido ao desfile da vitória na segunda Guerra Mundial e que, ao lado das bandeiras dos Estados Unidos e da Inglaterra, fosse visto o estandarte vermelho com a foice e o martelo cruzados. Entre 1945 e 1947, período em que o PCB esteve legalizado, Santa Catarina contou com pelo menos 400 filiados pelo estado.

A gestação do partido começou no início dos anos 1930, entre os trabalhadores portuários nas cidades de Florianópolis, Itajaí e São Francisco do Sul, que propagavam as ideias comunistas. No entanto, esse primeiro período se deu com base no fortalecimento do movimento sindical e na organização da classe trabalhadora. Levando, inclusive, a primeira eleição de um deputado federal eleito pelo PCB catarinense.

A vitória no pleito ocorreria antes mesmo da fundação oficial do partido em Santa Catarina. Álvaro Ventura, fora eleito primeiro suplente na eleição classista de 1933, assumindo a cadeira de deputado federal em 1934, com a morte do deputado constituinte Antônio Penaforte de Souza. No Rio de Janeiro, então, Ventura aproximou-se do Comitê Central do partido, o que permitiu a criação do diretório catarinense do PCB, em 1939.

Escrever a história de vida da militância comunista em Joinville, portanto, é também um meio de reescrever a memória do próprio PCB e da sua atuação país adentro, confirmando e/ou contrariando a história que o "partidão", enquanto organização política, criou e propagou.

Segundo Bertaux (1999), em países como os Estados Unidos (EUA), ou a Polônia, as narrativas constituíram durante as primeiras décadas do século XX, o principal elemento da sociologia empírica. Esse método, no entanto, foi posto de lado após o término da Segunda Guerra Mundial.

Mas por que as narrativas foram abandonadas pela sociologia? Para Michel Foucault, tal situação teria se dado pois a criação do discurso se revelaria intrinsecamente vinculada ao desejo de poder. O discurso, portanto, não seria "simplesmente aquele que traduz as lutas ou os sistemas de dominação, mas aquele pelo qual, e por meio do qual se luta, aquele poder que se quer apoderar-se" (FOUCAULT, 1992, p. 5-6).

Apesar da existência dessa relação direta entre discurso e desejo de poder, a história de vida ainda aparece como um instrumento extraordinário para avaliar os momentos de transformação de uma sociedade.

Dacordo com Pollak (1989, p. 4), a história oral seria, inclusive, uma das possibilidades de reintroduzir nas ciências humanas uma escrita não apenas subjetiva, mas sobretudo literária, pois ao privilegiar a análise de excluídos, marginalizados e de minorias, esse método traz à tona a importância de se conhecer memórias subterrâneas como oposição à memória nacional oficial que também possui, por sua vez, um discurso pautado por interesses individuais e coletivos. Para o autor, essa abordagem deve ter como regra metodológica a empatia aos grupos dominados, reabilitando a periferia e a marginalidade. Essas memórias subterrâneas acentuam o caráter destruidor, uniformizador e opressor da memória coletiva nacional.

Le Goff (1990, p. 12), para quem toda história deve ser uma história social, compreende que, com o caráter único que possui cada evento histórico, torna-se parte do trabalho do historiador misturar relato e explicação, fazendo da história "um gênero literário, uma arte ao mesmo tempo que uma ciência". O autor afirma que tal assertiva foi válida da antiguidade ao século XIX, dos primeiros historiadores como o grego Tucídides a clássicos como Michelet, mas que perdeu força no século XX. A ciência histórica tornou-se cada vez mais tecnicista e, consequentemente, menos subjetiva, ficando mais "difícil para o historiador parecer também escritor. Mas existe sempre uma escritura da história".

A história oral, como um campo disciplinar, pode proporcionar um profundo conhecimento dos processos sócio-históricos e culturais, a partir do questionamento crítico da prática do historiador e da investigação convencional. Ela pode ser usada como base para inquirirmos os documentos que, em muitos casos, relegam os sujeitos sociais ao segundo plano da história. A memória histórica pode solucionar rupturas, produzindo representações imagéticas unitárias da humanidade e oferecendo construções históricas lógicas e recriadas do passado (SCHMIDT; MAHFOUD, 1993, p. 293).

Não por acaso, a Comissão Nacional da Verdade (CNV) (COMISSÃO NACIONAL DA VERDADE, 2014c), que esteve ativa entre 18 de novembro de 2011 e 16 de dezembro de 2014, coletou mais de mil depoimentos, assim como as comissões instauradas por estados e municípios. As informações prestadas por vítimas e testemunhas da violência do Estado foram fundamentais para a construção do relatório final da CNV.

Para as ciências sociais, a memória representou uma mudança na maneira de se fazer pesquisa. A partir do uso das narrativas, tornou-se possível ampliar a compreensão da sociedade, como propõe Gaulejac (1999, p. 01), para quem o relato de vida nos leva a rever os principais paradigmas sobre os quais se fundamenta a sociologia clássica. Podemos dizer que a análise biográfica representa para a sociologia o que a psicanálise representou para a psicologia: uma ruptura radical na maneira de conceber a realidade, de entendê-la, de analisá-la.

Cabe ao sociólogo e ao historiador tentarem captar a realidade a partir da memória dos indivíduos, interpretando a subjetividade existente entre o singular e o universal, já que o indivíduo é agente transformador e, ao mesmo tempo, sujeito submetido à história. O processo de compreensão do papel da memória na sociedade deve levar em consideração a análise daquilo que nos faz indivíduos e nos torna diferentes dos outros ao nosso redor e a análise da relação desses indivíduos com essas características singulares. A memória é parte fundamental, portanto, na construção da identidade social. Ela deve ser utilizada para compreender o indivíduo como a expressão de um grupo.

Para além disso, esse livro procura desvelar o sofrimento coletivo de um grupo de catarinenses que foi seviciado pelo Estado. Quais os resultados políticos e sociais sobre esses indivíduos depois dos dias que estiveram sob a tutela da ditadura? Pois, apesar de parecer ser um fenômeno individual, algo relativamente íntimo, próprio de cada indivíduo, a construção da memória deve ser entendida também, ou sobretudo, como um fenômeno coletivo e social, submetido a flutuações, transformações e às mudanças constantes.

De acordo com Halbwachs (2006), embora sejam os indivíduos que possuam o poder da lembrança, no sentido literal, são os grupos sociais que determinam o que deve ser memorável e as formas pelas quais isso será feito. A memória do indivíduo é uma construção dos grupos sociais e ela só existe na medida em que esse indivíduo é um ser social. O funcionamento da memória individual só é possível graças à utilização das convenções sociais (ideias, palavras) criadas pelas sociedades e também pela presença de outras pessoas. A memória individual não deixa nunca de existir. Ela está presente em diferentes contextos, com a presença de diferentes participantes, e isso permite que haja uma transposição da memória pessoal para um conjunto de acontecimentos compartilhados por um grupo, passando de uma memória individual para uma memória coletiva que é determinada, então, pela sociedade.

Essa memória coletiva, podemos dizer que é criada a partir de um grupo de referência do qual o indivíduo já fez parte e com o qual estabeleceu uma narrativa, identificou-se e confundiu seu passado. Esse grupo não necessariamente está presente fisicamente, mas existe como uma possibilidade de retomada das experiências históricas e sociais comuns. A força do vínculo social do grupo fortalece a construção das imagens, que formam e constituem as recordações. Portanto, a lembrança é sempre parte de um "processo coletivo e está sempre inserida num contexto social" (SCHMIDT; MAHFOUD, 1993, p. 288).

A memória nunca pertence somente à pessoa, ela é essencialmente coletiva, pois nenhuma lembrança pode existir fora da sociedade, já que é ela quem determina o que é memorável e os lugares de memória. "A memória coletiva, propriamente dita, é o trabalho que um determinado grupo social realiza, articulando e localizando as lembranças em quadros sociais comuns". Esse grupo social acaba, por assim dizer, por criar uma "espécie de acervo de lembranças compartilhadas que são o conteúdo da memória coletiva" (SCHMIDT; MAHFOUD, 1993, p. 291). Portanto, o indivíduo possui dois tipos de memórias, sendo que a individual é apenas uma combinação das inúmeras coletivas.

Não há dúvida, portanto, de que todos os indivíduos crescem e vivem como parte fundamental de uma associação de pessoas, já que todo ser humano é criado por outros que já existiam antes dele e que dão o suporte de grupo para que a sequência de acontecimentos memoráveis seja enfileirada nas lembranças. Casadei (2010, p. 158) chama isso de "elo fundamental da memória". Para o autor, a memória "só pode ser exercida na medida em que ainda existam indivíduos que participaram destes eventos e que têm a condição de relatá-lo" (CASADEI, 2010, p. 158).

Para Elias (1994), todas as pessoas que se cruzam pelas ruas estão ligadas umas às outras por laços invisíveis, sejam de trabalho, de propriedade ou de afeto. A formação social atual nos tornou a todos, de certa maneira, altamente dependentes uns dos outros. Nós vivemos, desde o nosso nascimento, presos a uma rede de dependências a qual não nos é possível conseguir modificar ou romper simplesmente, mas tão somente até onde a própria estrutura dessas dependências nos permita. Para o autor, vivemos num emaranhado de relações móveis que já se precipitaram como parte indispensável de nosso caráter pessoal.

Mesmo que o indivíduo leve consigo a lembrança, ele está sempre interagindo com a sociedade onde as lembranças permanecem coletivas e são lembradas por outros, mesmo que se trate de eventos em que somente nós estivemos envolvidos e objetos que somente nós vimos. É sempre necessário, por exemplo, a presença de um testemunho para confirmar ou não, bem como para completar o que sabemos de um acontecimento sobre o qual já tivemos alguma informação. Dessa maneira, tanto o indivíduo quanto as sociedades não existem de forma isolada. Quando considerados num nível mais profundo, ambos necessitam um do outro pois são igualmente desprovidos de objetivo.

Uma metáfora utilizada para tentar explicar essa correlação foi proposta por Elias (1994, p. 18). Utilizando o cosmos como correspondência entre indivíduo-sociedade, o autor afirma que ambos simplesmente existem: indivíduos em companhia de outros indivíduos e a sociedade como uma sociedade de indivíduos, assim as estrelas formam um sistema solar, ou sistemas solares formam a Via Láctea.

Não podendo desvincular sociedades de indivíduos, Pollak (1992) propõe, então, que são dois os elementos constitutivos da memória, seja ela individual ou coletiva. Em primeiro lugar, os acontecimentos vividos pessoalmente. E, em segundo lugar, os acontecimentos que o autor chama de "vividos por tabela", que são os vivenciados pela coletividade à qual pertence. A memória é constituída, portanto, por pessoas e personagens com quem são estabelecidos vínculos no decorrer da vida, ou que interferem por tabela nas vidas de outrem, mas se transformam quase que em conhecidas, e mesmo, de indivíduos que não pertençam de maneira alguma ao mesmo espaço-tempo da pessoa. Como exemplo, o autor cita o caso da França, para ele, não é necessário ter vivido durante o governo do general De Gaulle para percebê-lo como um contemporâneo. Ainda de acordo com Pollak, existem, também, lugares de memória, que estão particularmente ligados a determinadas lembranças, podendo não ter, inclusive, nenhuma sustentação no tempo cronológico. Podem ser lugares de férias ou locais frequentados com os pais durante a infância, e que permaneceram como situações muito fortes e presentes na memória de cada pessoa, por meio até mesmo de sensações como odores, sabores ou imagens, independentemente de se saber exatamente a data real em que os fatos ocorreram.

A memória é falha e para tentar ocupar as lacunas existentes, podem e devem ser criados lugares de apoio, que são os espaços de comemoração. "Os monumentos aos mortos, por exemplo, podem servir de base a uma relembrança de um período que a pessoa viveu por ela mesma, ou de um período vivido por tabela" (POLLAK, 1992, p. 2-3). No caso de Pollak, ele faz questão de indicar que para a geração dele, na Europa, o principal exemplo disso seria a Segunda Guerra Mundial.

O pensamento de Pollak corrobora as afirmações de Halbwachs (2006, p. 69), para quem

> cada memória individual é um ponto de vista sobre a memória coletiva, que este ponto de vista muda segundo o lugar que ali ocupo e que esse mesmo lugar muda segundo as relações que mantenho com outros ambientes.

O tempo de duração de cada lembrança está vinculado à duração da memória do grupo. Para que uma recordação seja reconhecida e reconstruída, é necessário que os indivíduos possuam laços que os permitam se reconhecer como sendo um grupo. Nesse sentido, para que a nossa memória possa se aproveitar da memória dos outros, é preciso que ela mantenha vínculos com as memórias deles, existindo pontos de contato capazes de construir uma base comum.

Para Elias (1994, p. 20) deve-se fazer uma crítica contundente àqueles que insistem em afirmar que não existem sociedades, mas apenas indivíduos, e que as pessoas não são afetadas pela influência do meio ou vice-versa. De acordo com o autor, seria o mesmo que parar e olhar as árvores, mas ser incapaz de perceber a existência da floresta por detrás delas.

Pode-se afirmar, portanto, que a memória se constitui do sentimento de identidade, tanto individual como coletiva, na medida em que ela é também um fator extremamente importante do sentimento de continuidade e de coerência de uma pessoa ou de um grupo em sua reconstrução de si.

A memória de cada indivíduo de um coletivo está submetida, inclusive, aos locais que este frequenta, ao contato que possui ou não com o grupo e ao meio em que vive. Sobre isso, Halbwachs afirma que mesmo que antigos conhecidos mantenham um sentimento passado, se por muito tempo eu não mais o experimentar, nem houver mais nada em comum entre mim e estes antigos companheiros, "não é culpa da minha memória nem da memória deles. Desapareceu uma memória coletiva mais ampla, que ao mesmo tempo compreendia a minha e a deles" (HALBWACHS, 2006, p. 39).

Ao utilizar a teoria dos conjuntos, Elias (1994), mais uma vez, reafirma a memória como parte de um todo. O autor se refere às lembranças como unidades de potência menores que dão origem a uma maior, que não pode ser compreendida quando estas partes são consideradas apenas em isolamento, independentemente de suas relações.

A lembrança é reconhecimento de si e do mundo, visto que, em certa medida, é portadora de um sentimento do que já foi visto ou vivido. É, também, reconstrução pois, por um lado, não existe enquanto uma repetição linear de acontecimentos e vivências passadas, mas sim como um resgate destes no contexto de preocupações e interesses atuais. Por outro lado, é reconstrução por ser diferenciada, por ser o que é destacado da massa de acontecimentos e vivências "evocáveis e localizadas num tempo, num espaço e num conjunto de relações sociais" (SCHMIDT; MAHFOUD, 1993, p. 289).

Há que se cuidar, porém, com a maneira de se conduzir a pesquisa de história de vida. Autores adeptos da teoria dos atos da fala, por exemplo, propõem interrogações, que permanecem como objeto de controvérsias na investigação pragmática:

> 1º, existe um conjunto universal de tipos de fala? Um conjunto deste tipo deve identificar-se na conceitualização cultural e/ou da expressabilidade linguística? 2º, Qual é a natureza exata dos vínculos entre a forma linguística e o conteúdo dos enunciados e seu potencial de força pragmática? 3º, Qual é o alcance das dimensões contextuais (contextual, situacional, sociocultural) necessárias para a interpretação de significados pragmáticos indiretos no contexto? E qual é a natureza do processo mediante a qual os

> que interagem chegam a interpretações? [tradução do autor] (BLUM-KULKA, 2013, p. 7).

Além da teoria dos atos de fala, na construção contextual, a memória deve ser transformada em discurso a partir de três tarefas que se transpassam umas pelas outras:

> 1 – situações espacialmente localizadas, povoadas por coisas e seres e atravessadas pelos acontecimentos que vêm do horizonte social. Não se trata somente de eventos recordados, pois podem surgir acontecimentos inteiros; 2 – reconstrução de um caminho onde as cenas e situações são classificadas. É voltar aqui e agora, tudo o que a pessoa foi e tudo o que a constitui como sendo ao mesmo tempo uma extensão que vai além do aqui e agora; 3 – a busca de sentido. O que importa não é tanto o sentido de que os fatos e os gestos podem ter tido no momento em que ocorreram, mas a sensação que eles podem apresentar, no momento da história e que ajuda a esclarecer o que a pessoa é no momento em que ela lembra [tradução do autor] (CORREA, 1999, p. 7).

A memória é seletiva. Nem tudo fica gravado. Nem tudo fica registrado. O que a memória individual grava, recalca, exclui, relembra, é evidentemente o resultado de um verdadeiro trabalho de organização. É, portanto, necessária a busca por outras fontes que sejam capazes de corroborar ou refutar as afirmações dos entrevistados. Documentos escritos, outros depoimentos etc. Se a memória, assim como toda documentação escrita é socialmente construída, a crítica deve ser aplicada a toda e qualquer fonte.

Quando optamos pelo desenvolvimento de pesquisas históricas e/ou sociológicas que têm como premissa narrativas de histórias de vida, Bertaux (1999, p. 16) aponta que ao tratarmos uma pessoa qualquer não como um objeto de observação, de medição, mas como um informante que, por definição, está mais bem informado que o pesquisador que o interroga, corremos o risco de colocar em dúvida o monopólio institucional sobre o saber científico. É aí, portanto, que repousa a necessidade da criticidade sobre a oralidade enquanto um documento.

Para Pollak (1992), deve-se reconhecer que contar a própria vida não é natural. Se você não é um artista ou político, é estranho. Aquele que nunca foi perguntado sobre quem é tem muita dificuldade para entender o interesse sobre si. Já é difícil fazê-lo falar, quanto mais falar de si. Além disso, "o narrador não é indiferente ao pesquisador como representante de um outro grupo e, portanto, sua narrativa é, inclusive, um diálogo com este grupo que o pesquisador representa" (SCHMIDT; MAHFOUD, 1993, p. 295-296).

De acordo com Bourdieu (1983; 2008), a intervenção do pesquisador sobre os depoimentos colhidos é tão difícil quanto extremamente necessária. Ela deve ser evidente, mas deve procurar fazer-se esquecer. O que está em questão, quando se constrói o diálogo, é a relação objetiva entre as competências de ambos, o domínio mais ou menos completo da linguagem legítima para que se compreenda o que se quer dizer, assim como o conjunto de competências sociais que estabelecem o direito de cada indivíduo de poder falar e que depende de sexo, idade, religião, situação socioeconômica, da mesma forma que cabe ao pesquisador se certificar da existência de informações que poderiam ser antecipadas.

O que deve interessar ao historiador e ao sociólogo quando estes trabalham com a história de vida? Para Pollak (1992), o mais importante, numa entrevista, são as partes mais consistentes e as menos fundamentadas. São exatamente esses trechos que devem ter a sua autenticidade confirmada por outros documentos, ainda que o maior problema da história contemporânea seja o de que, geralmente, os arquivos ainda não tenham sido abertos, o que dificulta o cruzamento de dados. Para garantir a autenticidade dos depoimentos, "para reforçar ou enfraquecer e também para completar o que sabemos de um evento sobre o qual já tivemos alguma informação" (HALBWACHS, 2006, p. 29), deve-se utilizar outras entrevistas, pois ainda que entre um mesmo grupo, as relações existentes entre as pessoas e as histórias individuais que produzem sobre os fatos decorridos nunca são totalmente iguais. Cada um parte de uma posição única na rede de relações atravessando uma história singular. Na coleta de histórias, a confrontação torna-se uma característica intrínseca da narrativa. No geral, ao falar de si, os indivíduos tendem a formular a própria história confrontando, adaptando e acomodando elementos que flutuam entre o presente e o passado e entre o individual e o coletivo, como:

> 'casos' pessoais ou antigos, opiniões próprias e alheias, distinções entre pontos de vista, descrições dos diferentes modos de vida em diferentes épocas, histórias tradicionais, referências a diferentes grupos (SCHMIDT; MAHFOUD, 1993, p. 295).

Pretendi então, dar visibilidade às narrativas da militância comunista enquanto grupo de resistência à ditadura militar, pois a história não deve ser contada somente pelos que dominam, mas também pelos que são relegados ao ostracismo, como observou Benjamin (1987, p. 227-228), os dominadores são sempre os herdeiros de todos aqueles que se saíram vitoriosos antes deles. "Todos os que até hoje venceram participam do cortejo triunfal, em que os dominadores de hoje espezinham os corpos dos que estão prostrados no chão". Torna-se primordial, então, que o pesquisador, pautado pelo materialismo histórico, seja capaz de escovar a história a contrapelo, contando as histórias daqueles que sofreram com a barbárie dos vencedores e que foram relegados ao esquecimento por estes.

Esse livro trata, portanto, da memória de mulheres e homens que estiveram envolvidos com a luta contra a ditadura militar, almejando, por meio de entrevistas orais coletadas para esse e para outros trabalhos científicos, assim como para produções audiovisuais, expor as ações ilegais realizadas pelo Estado contra os militantes comunistas, principalmente, durante a Operação Barriga Verde (OBV) e como essas ações influíram na militância política e na vida social dos comunistas catarinenses.

Foram entrevistados diretamente para este trabalho os presos políticos joinvilenses da OBV, Edgar Schatzmann e Júlio Adelaido

Serpa, assim como Lúcia Schinato Schatzmann, esposa do primeiro; o advogado Antônio Acir Breda, que defendeu alguns dos presos da OBV; o radialista Eli Francisco, que cobriu a Marcha da Família com Deus pela liberdade (MFDL)[3], em Joinville, em 1964; o historiador e professor universitário Afonso Imhof, que era estudante do curso de história em Joinville durante os anos da ditadura; Luiz Carlos Fagundes Lemos, filho de Theodomiro Fagundes Lemos, preso em Joinville nos primeiros dias do regime militar. Outra fonte de entrevistas foi o Laboratório de história oral, da Univille, de onde foi retirado os depoimentos de Afonso Paulo Baad, militar do 13° Batalhão de Caçadores (BC) à época, e de Catarina Costa Fernandes, filha de Lucindo Costa, desaparecido político preso em Joinville, em abril de 1964. No Arquivo Histórico de Joinville (AHJ) localizamos as entrevistas de Maria da Glória Rocha, esposa de Osni Rocha, também preso na OBV, e de Edgar Schatzmann. Dos documentários Audácia e Ditadura Reservada[4], aproveitamos os depoimentos de Rosemarie Cardoso Bittencourt, única mulher presa em Joinville durante a operação; Antônio Justino, Osni Rocha, Júlio Adelaido Serpa e Edgar Schatzmann, presos na OBV; Sigfrido Maus, Coronel Reformado da Polícia Militar (PM) de Santa Catarina; Celso Martins, jornalista e historiador ligado ao PCB de Santa Catarina desde os anos 1970 com vários livros sobre a trajetória do partido; Maria da Glória Rocha, Lúcia Schinato Schatzmann, Zilma G. Serpa, Margarete Serpa e Viviane Serpa, familiares dos presos de Joinville; Nilson Wilson Bender, ex-diretor de uma das maiores empresas de Joinville, prefeito do município em 1964 e o político preferido pelo governo dos Estados Unidos para o pleito estadual de 1965; Sirlei de Souza, historiadora que estudou a repressão em Joinville; Alécio Verzola, preso pela OBV em Florianópolis e uma das lideranças do PCB durante a ditadura.

[3] Com enorme divulgação e cobertura da imprensa local, além de convite feito pelo próprio prefeito Helmut Fallgatter, a Marcha teve início às 16h30 do dia 24 de abril de 1964, seguindo da Praça da Bandeira até a sede do 13° BC pelas ruas do centro da cidade. No evento, todas as autoridades políticas de situação estavam presentes, assim como as escolas públicas e privadas e as entidades sindicais.

[4] Entrei em contato com Fábio Porto, diretor do filme, e ele nos, gentilmente, cedeu as entrevistas na íntegra.

Infelizmente, nem todos os presos joinvilenses na OBV deixaram registrados seus depoimentos. Não foi possível, por exemplo, coletar os relatos de Irineu Ceschin, João Jorge Machado de Souza e Waldemar João Domingos, já falecidos. Assim como o de Teodoro Ghercov, principal liderança nacional do PCB em Santa Catarina, que morou em Joinville durante os anos de 1960 e ajudou a rearticular o partido na cidade.

Pensando na necessidade de se fazer a crítica historiográfica e sociológica e sabendo que a pesquisa só existe com o apoio de procedimentos metodológicos adequados, realizei uma análise bibliográfica sobre o PCB, sobre o regime militar e sobre a OBV, traçando um perfil da militância comunista, da repressão e da luta contra a ditadura, com livros que incluem, por exemplo, *Estado e oposição no Brasil (1964-1984),* de Maria Helena Moreira Alves, *Corações Vermelhos: os Comunistas Brasileiros no Século XX,* organizado por Maria Izabel Lagoa e Antônio Carlos Mazzeo, *Os quatro cantos do sol* de Celso Martins, a dissertação "'A Justiça nem ao Diabo se há de negar': A repressão aos membros do Partido Comunista Brasileiro na Operação Barriga Verde (1975 – 1978)", de Mateus Gamba Torres, entre outras obras que foram de suma importância para a realização da pesquisa que deu origem a este livro.

Da mesma forma, a análise documental foi indispensável, pois alguns documentos puderam indicar ações realizadas pelos militares e pelos militantes comunistas. O mais importante deles, talvez, seja o que se pode ver na Imagem 01, o *[ilegível] das declarações dos presos políticos da "operação barriga verde",* escrito pelos presos na OBV enquanto ainda estavam encarcerados, em 1976, e no qual constam as ilegalidades cometidas pelo Estado brasileiro no momento das prisões e no tratamento dado aos militantes durante o período em que estiveram sob a tutela dos agentes públicos.

Imagem 01 – [ilegível] das declarações dos presos políticos da "operação barriga verde"

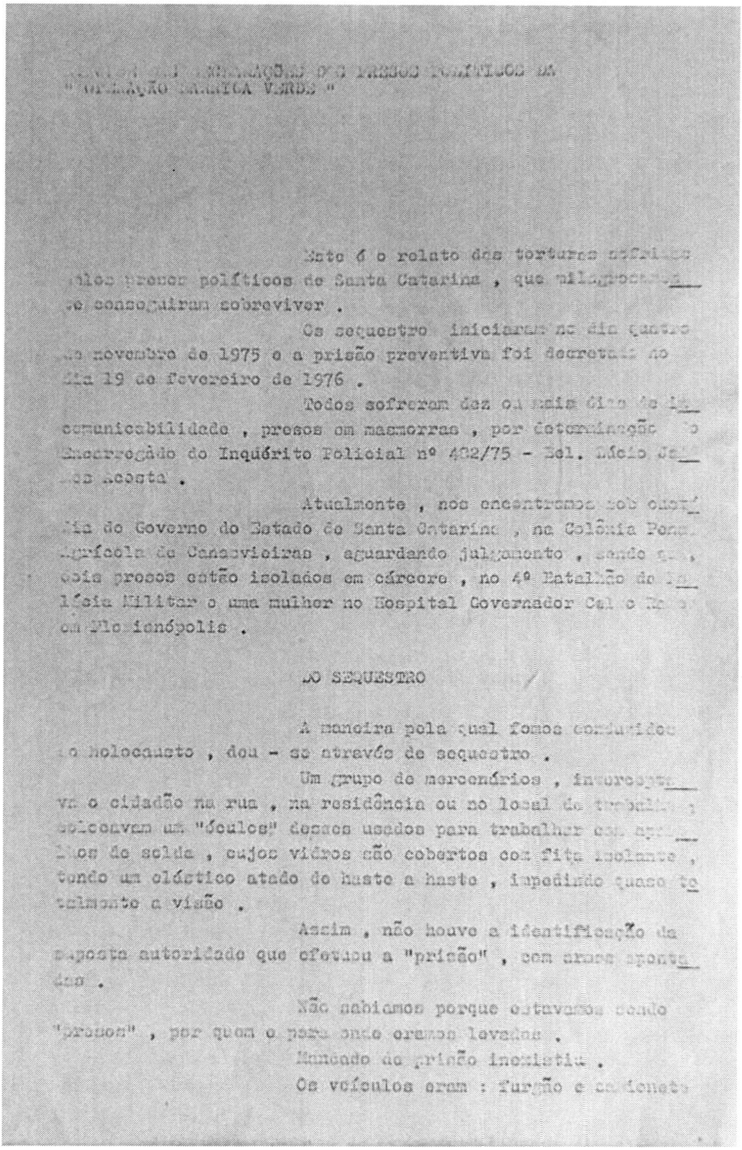

[illegible] DECLARAÇÕES DOS PRESOS POLÍTICOS DA
" OPERAÇÃO BARRIGA VERDE "

Este é o relato das torturas sofridas pelos presos políticos de Santa Catarina , que milagrosamente conseguiram sobreviver .

Os sequestro iniciaram no dia quatro de novembro de 1975 e a prisão preventiva foi decretada no dia 19 de fevereiro de 1976 .

Todos sofreram dez ou mais dias de incomunicabilidade , presos em masmorras , por determinação do Encarregado do Inquérito Policial nº 402/75 - Cel. [illegible] Acosta .

Atualmente , nos encontramos sob custódia do Governo do Estado de Santa Catarina , na Colônia Penal Agrícola de Canasvieiras , aguardando julgamento , sendo que dois presos estão isolados em cárcere , no 4º Batalhão da Polícia Militar e uma mulher no Hospital Governador Celso Ramos em Florianópolis .

DO SEQUESTRO

A maneira pela qual fomos conduzidos ao holocausto , deu - se através de sequestro .

Um grupo de mercenários , interceptava o cidadão na rua , na residência ou no local de trabalho ; colocavam um "óculos" desses usados para trabalhar com aparelhos de solda , cujos vidros são cobertos com fita isolante , tendo um elástico atado de haste a haste , impedindo quase totalmente a visão .

Assim , não houve a identificação da suposta autoridade que efetuou a "prisão" , com armas apontadas .

Não sabíamos porque estávamos sendo "presos" , por quem e para onde éramos levados .

Mandado de prisão inexistiu .

Os veículos eram : furgão e camioneta

Fonte: Souza, Motta, Ceskin *et al.* (1976)

É papel do pesquisador, ao se defrontar com entrevistas, documentos e bibliografia sobre determinado tema, saber articular as ideias e descrevê-las de forma a construir uma narrativa que seja capaz de atingir o maior público possível. Contar a história dos indivíduos apresentados neste livro, portanto, foi prazeroso e ao mesmo tempo imprescindível. Prazeroso, pois como historiador e sociólogo político, é sempre desafiador utilizar-se do suporte teórico-metodológico para colocar a história, ao mesmo tempo, ao lado da literatura e da ciência (CERTEAU, 2015, p. 65), a partir de "um conjunto de regras que permitam 'controlar' operações" (CERTEAU, 2015 p. 47); imprescindível, pois, o contexto histórico e social aqui apresentados são de suma importância para que se compreenda os caminhos percorridos pela sociedade brasileira pós-ditadura.

2

COMUNISMO – O INIMIGO DO OCIDENTE

Proletários de todos os países, uni-vos!
Marx e Engels

Impulsionados pela célebre frase final do *Manifesto do Partido Comunista*, ao longo dos anos, intelectuais e trabalhadores de todo o mundo começaram a se articular em torno de Partidos Socialistas e do Partido Comunista, procurando superar o modo de produção capitalista que os oprimia, para algo melhor. Ainda no *Manifesto*, Marx e Engels afirmavam que:

> Em toda parte os comunistas trabalham pela união e entendimento dos partidos democratas de todos os países. Os comunistas não se rebaixam em dissimular suas ideias e seus objetivos. Declaram abertamente que seus fins só poderão ser alcançados pela derrubada violenta das condições sociais existentes. Que as classes[5] dominantes tremam diante da revolução comunista! Os proletários nada têm a perder senão os seus grilhões. Têm um mundo a ganhar (MARX; ENGELS, 2003, p. 58).

É impossível pensar o século XX sem levar em consideração a Revolução Bolchevique de outubro de 1917 e como ela influenciou a militância em todo o planeta. Os desdobramentos foram globais e duradouros. Para Hobsbawm (2001), a expansão alcançada pelo

[5] As *classes*, segundo Thompson (2004, p. 10), surgem quando um grupo, a partir de experiências comuns, sente e articula a identidade de seus interesses entre si e contra aqueles de cujos interesses diferem. Essa experiência é determinada, em grande medida, pelas relações de produção em que os indivíduos nasceram ou entraram de forma involuntária. A *consciência de classe* é a forma como essas experiências são tratadas em termos culturais. Se a experiência aparece como determinada, o mesmo não ocorre com a consciência de classe. A consciência de classe surge em tempos e lugares diferentes e nunca exatamente da mesma forma.

movimento dos sovietes só pode ser comparada às conquistas do Islã em seu primeiro século. Segundo Agosti (2003), o movimento interferiu diretamente na vida política e econômica dos países, tanto comunistas quanto capitalistas, entrelaçando tradições nacionais com realidades sociais.

Em *A era dos extremos,* Hobsbawm descreve a importância que o comunismo teve durante o "breve século XX". Para o autor, na maior parte daquele século, a União Soviética (URSS) e a proposta de comunismo propagandeada por ela a partir da Revolução de 1917, era colocada como um modo de produção alternativo e superior ao capitalismo existente em grande parte do mundo ocidental. Esse modo de produção estaria, de acordo com os comunistas, destinado pela história a triunfar sobre os capitalistas. "E durante grande parte desse período, até mesmo muitos daqueles que rejeitavam suas pretensões de superioridade estavam longe de convencidos de que ele não pudesse triunfar" (HOBSBAWM, 2001, p. 63).

Para que essa sobreposição fosse possível, o modo de produção comunista deveria substituir o capitalismo por meio da construção da consciência de classe, tornando os trabalhadores proprietários dos meios de produção. Sampaio Jr (2013), sintetiza a fórmula sugerida pelo *Manifesto Comunista* em três eixos centrais: a negação da propriedade privada como o fim da exploração capitalista; o desenvolvimento de uma teoria revolucionária capaz de concentrar a insatisfação dos grupos anticapitalistas, transformando-a em prática revolucionária; e, por fim, somente a utopia comunista seria capaz de avançar com o processo civilizatório.

O capitalismo, por sua vez, representa, nas palavras de Wood (2002, p. 8), "o governo de classe pelo capital", limitando o poder popular. A vontade do povo não possui imperativos sobre o lucro e a acumulação do modo de produção capitalista em que os lucros definem "as condições mais básicas de vida".

Após a primeira grande guerra, ficou claro para os revolucionários russos que os avanços bolcheviques deveriam correr o mundo. Sovietes foram criados em vários países (Argentina, Cuba,

Espanha, China, México). Com a formação do bloco soviético, em 1922, o crescimento dos países socialistas foi consideravelmente maior do que o dos países ocidentais. Houve enormes avanços na educação e na pesquisa científica. Porém, esse sucesso não foi alcançado na agricultura e na distribuição de bens (AGOSTI, 2003). Mas o espectro que outrora rondara a Europa, em meados do século XX, começava a rondar o mundo.

2.1 OS COMUNISTAS ESTÃO CHEGANDO, ESTÃO CHEGANDO OS COMUNISTAS

Os comunistas guardavam sonhos.
Os comunistas! os comunistas!
Caetano Veloso

No Brasil, os comunistas começaram a se organizar em 1906 por meio do movimento operário que dava os primeiros passos. Nos anos seguintes, a influência da revolução chinesa de 1912, da mexicana (1910-1912) e, principalmente, da Revolução de Outubro na Rússia, em 1917, abriu caminho para a criação, em 1922, do Partido Comunista Brasileiro (PCB), que tinha como objetivo promover uma revolução que substituísse a sociedade capitalista pela socialista. O congresso de fundação do PCB foi realizado em Niterói, Rio de Janeiro, reunindo alguns poucos operários e intelectuais; quase todos haviam iniciado sua militância política como anarquistas e aderiram ao comunismo após a Revolução Russa.

Na cultura partidária do PCB, havia uma expressão metafórica dos motivos que levariam a população a aderir ao Comunismo e que correspondia a três órgãos do corpo humano: cérebro, caracterizado pela capacidade da argumentação teórica e filosófica marxista; estômago, determinado pelas necessidades materiais dos indivíduos atingidos pela pobreza e que viam no comunismo uma perspectiva de melhoria social; e coração, marcado pela sensibilidade humana (MOTTA, 2013).

A teoria comunista foi formulada para atender às contingências da luta operária em países desenvolvidos da Europa Ocidental, e o *Manifesto Comunista* trata de problemas de Estados nacionais consolidados. Porém, é no próprio *Manifesto* que está a metodologia capaz de solucionar o problema da revolução em um só país. Deve-se compreender o processo histórico de cada formação social procurando encontrar as tendências concretas da luta de classes:

> Em economias capitalistas de origem colonial, como o Brasil, o sentido da formação social é dado pela longa transição da colônia de ontem para a nação de amanhã. O dínamo desta transição é o sentimento de profundo mal-estar da população com relação à situação de pobreza, irracionalidade, corrupção e instabilidade que caracteriza a vida nas economias periféricas. As esperanças e as aspirações destes povos polarizam-se, em consequência, em torno de um objetivo maior: controlar os fins e os meios do desenvolvimento. O desafio é completar a formação da nação, livrando a sociedade de suas três principais mazelas: o caráter dependente de seu sistema econômico — uma forma de organização da vida material que deixa o país sujeito às vicissitudes dos movimentos especulativos do capital internacional; a natureza particularmente assimétrica das estruturas sociais — um padrão de estratificação social que cria um abismo entre ricos e pobres; o pesado fardo do colonialismo cultural que compromete a capacidade da sociedade de discernir suas verdadeiras necessidades; uma concepção de mundo estreita que transforma a cópia dos padrões de consumo das economias centrais na prioridade absoluta que orienta a organização da economia e da sociedade (SAMPAIO JR., 2013, p. 85).

Logo após o congresso de fundação, em junho de 1922, o governo de Epitácio Pessoa tornou o partido ilegal, condição em que passaria 61 dos seus quase 100 anos de existência. O PCB só foi aceito na Internacional Comunista (IC) em 1924 e permaneceu clandestino até 1927, quando conseguiu, por alguns meses, a legalidade.

Elegendo, inclusive, Azevedo Lima para a Câmara dos Deputados. Antes mesmo do fim daquele ano, o partido voltava a ser impedido de exercer as atividades políticas.

Após a Revolução de 1930, uma das primeiras medidas adotadas pelo novo governo foi a obrigatoriedade da sindicalização como forma de organizar os trabalhadores. Essa situação dificultava a atuação dos comunistas entre o proletariado, já que qualquer organização fora dos sindicatos era ilegal e as regras estabelecidas pelo governo impediam que a massa de profissionais que atuavam nas fábricas se filiasse. A nova lei estabelecia que cada sindicato precisaria ter ao menos 30 filiados com idade superior a 18 anos. Além disso, em um período em que uma grande parcela da população era formada por estrangeiros, principalmente em regiões de colonização tardia, como Santa Catarina, o Estado passou a exigir que, no mínimo, dois terços dos seus membros, fossem nascidos no Brasil ou já tivesse se naturalizado, o que, na época, ocorria com quem vivia há mais de 20 anos de forma ininterrupta no país (MARTINS, 1995, p. 29).

Em 1927, Luís Carlos Prestes, líder da Coluna Prestes, que havia desafiado o governo brasileiro e estava exilado na Bolívia, teve o primeiro contato com o partido que, em 1934, aceitou sua filiação após exigência da IC, que o havia recebido na URSS. No mesmo ano, o Integralismo despontava no Brasil, disseminando as ideias fascistas.

Em 1935, como resposta à ação dos partidários da Ação Integralista Brasileira[6] (AIB), foi criada a Aliança Nacional Libertadora (ANL), formada a partir de um processo de lutas e organização dos setores antifascistas[7]. A ANL tinha como principais forças os tenentes dissidentes, principalmente, do movimento que levou Getúlio

[6] Em Santa Catarina, a AIB foi fundada em Florianópolis, em março de 1934, com a ilustre participação do Capitão Olímpio Mourão Filho (o militar que forjaria os documentos que dariam origem ao Estado Novo, em 1937, e que comandaria as tropas que colocariam em marcha o Golpe de 1964). Fundada a AIB, o sucesso no estado foi rápido e estrondoso. Com apenas dois anos de existência, os integralistas elegeram 72 vereadores por todo o estado e 8 prefeitos, entre eles, os de Joinville e Blumenau, duas das mais importantes cidades catarinenses. Ver mais em Martins (1995).

[7] As primeiras grandes assembleias populares por uma frente ampla foram realizadas em São Paulo, no salão da Liga Lombarda, em 10 e 12 de setembro de 1934, em apoio ao Comitê Jurídico Popular

Vargas ao poder, em 1930, e o PCB, com Luís Carlos Prestes à frente. Ambos acreditavam que a única forma de fazer a revolução era pelas armas. Os militares consideravam as Forças Armadas como movimento de vanguarda, enquanto os comunistas confiavam na luta das camadas populares.

O crescimento do grupo foi rápido e grandioso. Em pouco mais de três meses de vida, a ANL já possuía mais de 1500 núcleos pelo país. Somente no Rio de Janeiro, eram cerca de 50 mil antifascistas. A expansão seguiu no mesmo ritmo no estado de São Paulo e já havia chegado a quase todos os estados da federação quando, em julho de 1935, o governo de Getúlio Vargas proibiu a sua atuação utilizando a força policial para reprimir qualquer tipo de manifestação.

O uso legítimo da força, evidentemente, está longe de defender direitos e liberdades civis, de modo a contribuir para uma sociedade mais livre. Quando incitada a agir, a força policial manifesta, sim, o interesse na manutenção do status quo, apoiando, de maneira geral, ideologias autoritárias.

Em reação ao fechamento da ANL, Luís Carlos Prestes, apoiado pelos dirigentes do antigo grupo, pelo PC e por setores das forças armadas, deu início, em novembro de 1935, ao que ficou conhecido como Levante Comunista. O primeiro ato do grupo foi deflagrado em 23 de novembro de 1935, em Natal, Rio Grande do Norte, no dia 24, outro levante militar ocorreu em Recife, Pernambuco e, no dia 27, a revolta chegou ao Rio de Janeiro. Sem a adesão do operariado e restrita às três cidades, a rebelião foi rápida e violentamente esmagada pelas tropas do governo federal.

Com o fracasso na tentativa de tomar o poder pelas armas, a militância comunista foi desmobilizada e a maioria dos dirigentes foi presa. Durante todo o ano de 1936, o país permaneceu sob estado de sítio e o governo intensificou a repressão, prendendo milhares de oposicionistas, não só do PC, mas todos os que se colocassem

de investigação, o núcleo da ANL. A do dia 12, convocada pela Frente Única Sindical, representava mais de 20 mil operários sindicalizados (VIANNA, 2003).

contra o governo Vargas. Em 1937, o presidente finaliza o Golpe de Estado e institui o Estado Novo[8].

Em Santa Catarina, portanto, o PCB é criado sob o jugo do Estado Novo. Os militantes comunistas catarinenses começaram a se organizar na ilegalidade durante o momento mais violento e repressivo do governo Vargas.

Somente em 1945, com o processo de redemocratização do país e com os militantes anistiados é que o PC tomou fôlego dentro da política brasileira. Nos dois anos seguintes, enquanto o partido esteve na legalidade, Luís Carlos Prestes foi eleito senador da República, os militantes assumiram dezesseis cadeiras na Câmara dos Deputados, com 109 suplentes, foram 46 deputados eleitos em 15 assembleias legislativas nos estados, a maior bancada no Distrito Federal, totalizando 18 candidatos eleitos. No estado de São Paulo, o partido elegeu 190 vereadores, alcançando as maiores bancadas nas cidades de Sorocaba, Santos e na capital paulista, onde obteve 17 cadeiras, além da eleição do prefeito de Santo André.

Nesse período, durante o governo do presidente Eurico Gaspar Dutra, o PC se aproximou dos partidos representantes da burguesia, criando alianças que, em nenhum momento, esses partidos quiseram ou tiveram a intenção de cumprir. Eles, na verdade, nunca se aproximaram do PC. Em 1947, um acordo entre Partido Social Democrata (PSD), União Democrática Nacional (UDN) e Partido Liberal (PL) fez com que o governo Dutra cortasse relações com a URSS e colocasse, novamente, o PC na ilegalidade. Todos os militantes eleitos foram

---

[8] O Estado Novo, ou golpe dentro do golpe, foi o regime político instituído por Getúlio Vargas entre 1937 e 1945 e recebeu esse nome inspirado na ditadura de Salazar, em Portugal. Com o golpe, Getúlio Vargas fechou o Congresso Nacional e extinguiu os partidos políticos. Foi criada uma nova constituição, que lhe conferia o controle total sobre o poder executivo, permitindo-lhe nomear interventores nos estados, os quais possuíam ampla autonomia na tomada de decisões. Além disso, uma série de medidas repressoras foram instituídas para "nacionalizar" os brasileiros que haviam imigrado para o Brasil ou os seus filhos e netos. Em Santa Catarina, por exemplo, existia o chamado Deutschtum, o sentimento de pertencimento à comunidade nacional alemã. Ainda que o indivíduo não tenha nascido na Alemanha, ele possui ascendência germânica e se identifica e compartilha dos valores culturais desse povo. Esse sentimento foi altamente combatido durante a Campanha de Nacionalização impetrada a partir de 1937, por ser considerado uma ameaça à união nacional na região de colonização alemã.

destituídos de seus cargos e a repressão se alastrou, não só contra o PC, mas também nos sindicatos.

> O governo Dutra [...] prendeu e torturou comunistas, decapitou o movimento sindical mais combativo, intervindo em mais de 140 sindicatos, proibiu a Confederação Geral dos Trabalhadores do Brasil e impôs uma pesada legislação antigreve (ALMEIDA, 2003, p. 91).

O partido permaneceu na ilegalidade até setembro de 1960, quando o V Congresso do PCB estabeleceu como prioridade a volta à legalidade. Para isso, os comunistas teriam de se adequar à legislação vigente e mudar o nome de Partido Comunista do Brasil para Partido Comunista Brasileiro (PCB). Essa mudança, no entanto, só ocorreria de fato, em 1962, graças às reformas de base criadas já sob o governo João Goulart. Jango propunha reformas em setores chave como o agrário, o fiscal e o eleitoral. Além disso, determinava "a abolição das discriminações ideológicas e outras mudanças político-institucionais (direito de voto ao analfabeto e aos soldados e oficiais não graduados das Forças Armadas, bem como sua elegibilidade, legalidade para o PCB) etc" (SEGATTO, 2003, p. 129).

É nesse momento que acontece o maior racha dentro do PCB, dando origem ao "novo" PCdoB. Desde meados da década de 1950 havia, dentro do partido, a discussão sobre os rumos que a sigla deveria tomar e quais seriam as estratégias e as táticas para a Revolução Brasileira. Com as adequações de estatuto e nome realizadas para o requerimento do registro legal, vários militantes comunistas que faziam oposição desde 1957 aproveitaram as mudanças para fundarem o PCdoB, por meio de uma Conferência Nacional, em 1962[9].

---

[9] O racha no Partido se deu, principalmente, por conta da proposta de alianças entre os comunistas e a burguesia nacional, assim como pela orientação em prol da luta constitucional e legalista. Para os dissidentes, o exemplo de Cuba (1959) demonstrava que a revolução não seria alcançada pelo voto. Baseado no Rio de Janeiro, São Paulo, Bahia e Pará, o PCdoB, ainda que constantemente reprimido pelas forças do estado, cresceria impulsionado pelas lutas internas do PCB depois de 1964. De acordo com Reis Filho e Sá (1985), o novo partido teria envolvimento nas lutas sociais entre 1962 e 1968, principalmente, no movimento estudantil. Além de dirigir a luta guerrilheira no Araguaia, entre 1972 e 1974.

Apesar de participarem do governo Goulart, os militantes do PCB se opunham à política de conciliação do presidente que era por eles considerada vacilante e pouco efetiva. Porém, mantinham-se próximos ao Palácio do Planalto, pois acreditavam que somente por meio do Executivo poderiam desencadear uma revolução democrática.

Mesmo com as divergências, no entanto, havia um sentimento de euforia no ar. A criação do Centro Popular de Cultura (CPC), no Rio de Janeiro, sob forte influência dos comunistas, era a representação dessa euforia.

Uma das pessoas que teve a oportunidade de conhecer de perto a experiência do CPC, no final de 1963, foi o joinvilense Edgar Schatzmann. Ed, como era conhecido o jovem bancário, então com 23 anos, militava no PCB desde 1958 e participara da campanha eleitoral de Paulo Stuart Wright[10]. A militância, então, lhe rendeu a chance de viajar a estudos para o outro lado da cortina de ferro. Schatzmann pretendia estudar engenharia na URSS e partiu para um intensivo de 6 meses na Universidade de Amizade dos Povos Patrice Lumumba (UAPPL), em Moscou, na Rússia.

Antes de embarcar para aprender o idioma russo e ver na prática o que era a Revolução socialista, o comunista joinvilense passou pela sede do CPC no Rio e pôde sentir a efervescência cultural que a UNE propunha.

Apesar da sensação de mudança que parecia ganhar força, conforme o discurso e a prática de Goulart se radicalizavam, iam também dando fôlego a uma reação golpista da direita que o presidente e o próprio PCB não acreditavam que teria força para derrubar o governo. João Goulart estava convicto de que teria o apoio da maior parte dos militares. Havia, naquele momento,

> a tese que, devido à sua vocação democrática, as Forças Armadas não dariam o golpe, e a fé em um 'dispositivo militar' que decapitaria a direita insurreta eram pouco mais que a nostalgia de um sólido

[10] Eleito deputado estadual pelo Partido Social Progressista (PSP), em 1962, Paulo Stuart Wright é considerado desaparecido político nas mãos da ditadura desde 1973.

> 'tripé' comandado pelo general Lott[11], aquele que fora o sustentáculo de JK (ALMEIDA, 2003, p. 122).

Algo parecido com o que se vê atualmente, com os constantes arroubos golpistas do presidente Bolsonaro, de seus filhos (todos com acusações de corrupção em maior ou menor grau) e nos seguidores bolsonaristas saudosos da ditadura.

O golpe veio e, novamente, o PCB foi empurrado para a ilegalidade.

2.2 A GUERRA FRIA COMO PALCO

> *Sin embargo, frente a la opresión, el saqueo y el abandono, nuestra respuesta es la vida. Ni los diluvios ni las pestes, ni las hambrunas ni los cataclismos, ni siquiera las guerras eternas a través de los siglos y los siglos han conseguido reducir la ventaja tenaz de la vida sobre la muerte[12].*
> *Gabriel Garcia Marques*

Para compreender essas ações golpistas, que não ocorreram de forma isolada no Brasil, é preciso entender as ditaduras latino-americanas durante a segunda metade do século XX que estão,

[11] Marechal Henrique Batista Duffles Teixeira Lott, foi Ministro da Guerra e concorreu à Presidência da República em 1960. Teixeira Lott encabeçou o Movimento de 11 de Novembro (1955), conhecido como Contragolpe ou Golpe Preventivo. Durante o levante militar, foi declarado o impedimento do presidente interino Carlos Luz (à época presidente da Câmara dos Deputados), que ocupara a presidência enquanto Café Filho (que assumira após a morte de Getúlio Vargas) se recuperava de um infarto. Luz, conspirava para impedir a posse de JK, eleito no pleito daquele ano. Lott, então, mobilizou tropas militares no Rio de Janeiro e tomou o controle de unidades das FFAA e de prédios governamentais, bem como estações de rádio e jornais, anunciando a deposição do presidente interino e a entrega do governo ao presidente do Senado, Nereu Ramos. Café Filho ainda tentou retomar ao poder, mas foi barrado pelo Congresso Nacional. Com tais medidas, foi possível garantir o princípio da legalidade e confirmar a posse de JK, em 31 de janeiro de 1956.

[12] "No entanto, em face da opressão, saques e abandono, nossa resposta é a vida. Nem as inundações, nem as pragas, nem as fomes, nem os cataclismas, nem mesmo as guerras eternas ao longo dos séculos conseguiram reduzir a tenaz vantagem da vida sobre a morte" (tradução livre). Excerto do discurso de Gabriel Garcia Marques durante a premiação do Nobel de literatura, em 1982. Diferente de outras passagens em idioma estrangeiro, optei por manter a fala do autor colombiano no original, em respeito ao impacto que esse discurso possui em quem o lê.

invariavelmente, ligadas aos efeitos da guerra fria[13], com o planeta dividido entre os signatários do Pacto de Varsóvia, que englobava os países socialistas encabeçados pela URSS, e os da Organização do Tratado do Atlântico Norte (Otan), realizado entre os chamados "Países do Norte", Europa Ocidental e EUA, principalmente.

Para Thompson, os conceitos de imperialismo e militarismo não bastam para uma análise crítica de todas as contradições do processo da guerra fria. Para ele, os sistemas desses blocos são complexos militares e industriais que a população civil é induzida a sustentar. As elites governantes, de acordo com o autor, precisam de uma permanente guerra para legitimar a dominação, os privilégios e prioridades, além de silenciar o dissenso, disciplinar a população socialmente e desviar a atenção da irracionalidade dessa operação (MÜLLER, 2009).

Para caracterizar a situação existente no mundo com a Guerra Fria, baseada na dinâmica do sistema de armamentos, Thompson cunhou o termo exterminismo[14]. O autor afirma que as características de uma sociedade, como a economia, a política ou a ideologia, estimulam ações cujo resultado tende a ser o extermínio de multidões.

Para que o exterminismo ocorra, é preciso que ao menos dois agentes poderosos se choquem. A eliminação dessa população, no entanto, não se dará de forma acidental, mas sim, como consequência direta de ações políticas para a criação de uma estrutura de aperfeiçoamento dos meios de extermínio, levando sociedades inteiras a esse fim. Essa colisão é prevista e poderia ter sido evitada,

[13] Para Thompson, ortodoxias e ideologias se formaram desenvolvendo uma consciência para confirmar a polarização. Na URSS, por exemplo, a ideologia era a do anti-imperialismo. Já no Ocidente, havia uma ortodoxia mais flexível, pragmática. A eficiência desta aparente flexibilidade sustentava-se na ilusão de que o sistema que prevalecia era a liberdade de expressão. Nesse nivelamento de conceitos, segundo Thompson, os autocratas de Washington se autorizavam a propagar o Ocidente como um "mundo livre". Ver mais em Müller (2009).

[14] O exterminismo da guerra fria é baseado no crescente sistema de armamentos em que, ainda que pareça racional, existe uma lógica perversa, onde um estado generalizado de inércia segue na direção da destruição total. A categoria de exterminismo em Thompson se orienta pela crítica ao princípio de MAD (Mutual Assured Destruction), "Destruição Mútua Assegurada". Ver mais em Müller (2013).

mas não o é porque ambos os agentes atuam por meio de políticas deliberadas que os levam a se eliminarem.

O sistema de armamentos, então, aparece como a base intelectual do exterminismo, como apoio econômico, científico, político e ideológico desse sistema. Dessa forma, fica claro que o exterminismo não se limita a exploração de uma vítima, como o que ocorre no imperialismo, quando uma força maior oprime outra proporcionalmente inferior. Pelo contrário, a disputa aqui se dá no enfrentamento de um igual.

Nesse cenário de disputas estabelecidas pela guerra fria e na tentativa de manter o controle político sobre a região da América Latina, os EUA não podiam permitir que a vitória dos guerrilheiros de Sierra Maestra, em Cuba, em 1959, servisse de exemplo, assim como deveriam barrar a crescente organização popular nos países latinos e evitar a influência soviética no continente.

Tais ações estadunidenses ocorrem na medida em que, enquanto área dependente, a América Latina se insere no sistema econômico mundial, tornando-se mais vulnerável às crises desse sistema e às forças que governam o continente de fora.

Segundo Müller (2009, p. 16),

> essa situação se estendia a tal ponto que, no interior dos países satélites [nesse caso as ditaduras latino-americanas], cada movimento político ou militar deveria ser aprovado pelo governo de Washington [...], reforçando os mecanismos de dominação

estadunidense. Esse processo transformou aqueles países no chamado "Quintal da Casa Branca".

No Brasil, o regime militar teve início em 1964, perdurando por 21 anos, até 1985, quando ocorreu, de forma indireta, a primeira eleição de um civil para a presidência da República desde a chegada ao poder de Jânio Quadros, em 3 de outubro de 1960. A população, porém, só teve o direito de votar para presidente em 1989.

A sequência de golpes de Estado na América Latina durante a segunda metade do século XX, apoiados pelos EUA financeira e militarmente, tinha o claro objetivo de manter a supremacia do modo de produção capitalista em oposição à possibilidade de mudança proposta pelos militantes socialistas e comunistas nesses países[15]. Os regimes ditatoriais transformaram os Estados latino-americanos em satélites estadunidenses, possibilitando que os interesses do grande capital estrangeiro fossem garantidos com um campo de atuação que influenciava diretamente desde a economia até o sistema educacional desses países.

Segundo Müller (2009), para explicar os perigos do processo político e ideológico da guerra fria, Thompson usou a metáfora da alteridade. A unidade dentro dos blocos pode ser explicada, também, como preocupação e medo em relação aos "outros", à ameaça representada por eles, consolidando uma noção de "nós" em oposição a "eles". Ao perceber o "outro", "nós" podemos nos distinguir e, se o "outro" for criado enquanto uma ameaça, o vínculo entre "nós" é reforçado. Nesse sentido, a guerra fria contribuiu para reforçar o sentimento de americanismo na população estadunidense, o *American dream* tornou-se a atração que se coloca em oposição à falta de liberdade e à tirania do "outro". A União Soviética, por sua vez, aparecia como a representante e defensora do socialismo e o PC como a resistência ao imperialismo do Ocidente.

O comunismo como um inimigo interno do Brasil permaneceu no imaginário de parte da população brasileira e continua sendo propagada por setores civis e militares[16]. Essa lógica nunca deixou

---

[15] Antes dessas ditaduras, houve no continente formas de governo que tentaram resolver as demandas sociais. Cuba, por exemplo, com sua revolução socialista iniciada em fins de 1959, rompeu com o modelo econômico imposto pelas oligarquias e pelos EUA. O Chile, em 1970-73, por meio da via eleitoral, tentou efetivar reformas e transformações sociais, políticas, econômicas e culturais, no caminho do socialismo. A Nicarágua, entre 1979-89, realiza a revolução sandinista, também a caminho do socialismo. Nesses casos, o experimento socialista foi, para Ianni (2012), desestabilizado, satanizado e destruído por agências norte-americanas, em associação com as elites, setores sociais e classes dominantes nativas. Países como Equador, Paraguai, Uruguai, Argentina, Bolívia, Peru, Honduras, por exemplo, todos sofreram a interferência direta das potências estrangeiras.

[16] Em 1964, o presidente Goulart foi acusado pelo deputado udenista Bilac Pinto de estar preparando uma revolução e de organizar uma guerrilha armada no interior do país. O que, evidentemente, era

de circular entre setores reacionários e golpistas do país. Em 2013, por exemplo, o coronel José Gobbo Ferreira, que chegou a ser cotado para assumir o Ministério da Educação em 2020, assinou um artigo na Revista do Clube Militar em que, entre outras coisas estapafúrdias, afirmava que "um bando de mercenários a soldo da União Soviética [...], de [...] Cuba [...] e da China, tentam implantar o comunismo em nossa pátria". O militar atentou contra as instituições políticas sem nenhum pudor ou medo de represália por parte do exército ou do Palácio do Planalto. Para o Coronel, o governo federal era formado por "aqueles que restaram daquele grupo, mais uma quadrilha de aproveitadores, voltam a ameaçar a nossa liberdade, agora de maneira mais sutil beneficiados pela democracia da qual, hoje e sempre se aproveitam, para destruí-la e depois usá-la (FERREIRA, 2013, p. 4).

O próprio presidente Jair Bolsonaro, foi eleito com essa mensagem e, em seu primeiro discurso como chefe da nação, exemplificou os termos propostos por Thompson, quando fez questão de afirmar a sua pretensão de "valorizar a família, respeitar as religiões e nossa tradição judaico-cristã, combater a ideologia de gênero, conservando nossos valores. O Brasil voltará a ser um país livre das amarras ideológicas" (BOLSONARO, 2019, s/p).

Quando Bolsonaro fala em "valores", em "tradição judaico-cristã" ou em "amarras ideológicas", ele se refere àquilo que é diferente dele, aos que lhe fazem oposição, ao "outro". Ele determina que seu governo será um governo para iguais e os que forem diferentes serão tratados como inimigos do Estado.

Durante meados do século XX, mesmo as campanhas pacifistas da URSS eram usadas pelos representantes do governo brasileiro para demonizar o PCB, afirmando que elas não passavam de "parte da propaganda comunista" e que eram meios sutis de mascarar os verdadeiros interesses dos soviéticos de estabelecer um novo

tudo mentira (ver mais em ANDRADA, 2020). Desde 2018, as palavras comunismo, comunista e esquerda foram deslocadas do debate político, produzindo-se uma tentativa de silenciamento de ideias. Houve a ressignificação destas palavras, sobretudo criminalizando-as (ver mais em MARIANI, 2019).

conflito mundial e levar o caos aos "países livres e democráticos", implantando, por meio da revolução, a ditadura do proletariado no maior número de países (RIBEIRO, 2007, p. 66).

Com a Guerra Fria, o comunismo passou a ser apresentado como

> inimigo [...] das instituições e da família brasileira. [...] como crime, praga sinistra, atitude de permanente violência, processo violento e subversivo [...] como ditadura, ideologia totalitária, fantasia econômica delirante, materialismo histórico, nefasta doutrina (MARIANI, 1998, p. 144).

Esse processo de demonização do "mundo comunista", não pode ser compreendido sem levarmos em conta o papel da imprensa como agente difusora desse pensamento. Thompson analisa essa questão a partir da relação entre os veículos da mídia com o Estado inglês:

> [Para Thompson], a combinação de forças da mídia e do Estado [inglês][17] fez com que propostas alternativas ao status quo fossem, em grande medida, silenciadas. O controle do Estado sobre um ou mais meios de comunicação [...] legitimou uma política mais "responsável", em oposição aos pontos de vista não-ortodoxos e de dissenso. Até mesmo quando eventualmente alguma opinião antagônica era aceita e absorvida pelas agências de comunicação, essa absorção ocorria de forma deturpada. As ideias eram manipuladas[18] e banalizadas de modo a adequar seu conteúdo aos valores propagados pela mídia. Afinal a indignação (da sociedade) — sempre

[17] A análise feita por Thompson sobre a importância e influência da mídia na Inglaterra, no período Thatcher, pode ser aplicada ao Brasil do século XX. A relação intrínseca entre os meios de comunicação, o governo e a elite brasileira impedia qualquer tipo de dissenso, quando este estava relacionado à oposição feita pelos comunistas. No lado de cá dos trópicos, a situação foi ainda mais intensa. A tentativa de manipular a população com a demonização do PC foi levada a cabo sem nenhum tipo de pudor.

[18] Segundo Müller (2009), Thompson considera que a força da ideologia "natopolitana" (North Atlantic Treaty Organisation/NATO) é, exatamente, a manipulação da consciência popular e o resultado disso foi uma apatia geral operando a favor dos interesses das ideologias dominantes que aprisionou, ao mesmo tempo, os centros de ação.

> apresentada como uma excentricidade — era um produto altamente vendável, um bom marketing. Na mídia, o dissenso não poderia aparecer como uma perspectiva coerente, competente, confiável ou legítima (MÜLLER, 2009, p. 7).

Em Joinville, foco deste livro, a imprensa se destacou como articuladora para a consolidação do golpe, tornando-se um elemento de propaganda da elite político-econômica do município e garantindo o apoio necessário aos militares. *A Notícia,* jornal de maior circulação na cidade, era dirigido pelo então prefeito Helmuth Fallgatter, apoiador de primeira ordem da ditadura militar, e que fazia questão de publicar editoriais que incentivavam as várias manifestações golpistas que ocorreram entre os meses de março e abril de 1964.

De acordo com Souza (1998, p. 11), por exemplo, com

> o título 'Evolução e não Revolução' o jornal refere-se a 'Marcha da Família com Deus pela Liberdade' ocorrida em São Paulo, dizendo que foi uma demonstração da vontade popular em resolver os problemas do país e garantir a permanência das instituições democráticas.

Com a assistência dos EUA[19] (que ampliavam seu domínio político econômico por toda a América Latina, auxiliando os regimes ditatoriais com armas e dinheiro), setores da sociedade civil articulada com os militares brasileiros deram o golpe que se estenderia por mais de duas décadas de repressão e violência em uma ditadura soberana[20], autoproclamada democrática e disfarçada como política de exceção destinada a moralizar o exercício do Estado de Direito.

[19] "A assistência dos Estados Unidos às forças latinoamericanas elevou-se a 670,3 milhões de dólares, os empréstimos a 709 milhões e as doações a 599,4 milhões, no período de 1946 a 1964. Nota-se, inclusive, na política dos Estados Unidos em relação à América Latina, uma tendência a dar ênfase à ajuda militar" (LOBO, 1970, p. 138).

[20] Ver mais em Assmann e Leis (2010). Os autores usam o conceito de Carl Schmitt que divide as ditaduras entre soberanas e comissárias. A primeira age fora dos limites legais na tentativa de manter a ordem constituída, em que o ditador se apresenta como a única possibilidade de decisão. A segunda se coloca acima da constituição vigente, na tentativa de permanência no poder.

2.3 O GOLPE CIVIL-MILITAR NO BRASIL

Os comunistas fazem uma boa família... Eles têm a pele curtida e o coração quente... Em todos os lugares eles recebem golpes... Golpes exclusivos para eles...[21]
Pablo Neruda

Entre 1900 e 1968, na América Latina, foram aprovadas 77 Constituições, de 1955 a 1961 cinco chefes de estado foram mortos, durante os anos de 1940 e 1960 foram realizados cerca de 30 golpes de Estado militares e mais de dez após 1960. Em parte alguma do mundo as ditaduras se espalharam de forma tão avassaladora como nos embates políticos que convulsionavam a América Latina durante meados do século XX. Havia um deslocamento para a esquerda do espectro político no início da década de 1960 e, por isso, as Forças Armadas (FFAA) tomaram o poder no Brasil, Era a reação contra um inimigo que oferecia "democratização, reforma agrária e ceticismo em relação à política americana. As pequenas tentativas de guerrilha [...] proporcionaram uma desculpa para a implacável repressão do regime" (HOBSBAWM, 1994, p. 429).

No início da década de 1960, apesar da alta inflação, com as reformas sociais estabelecidas pelo presidente João Goulart, os trabalhadores passaram a ter ganhos salariais condizentes com o aumento do custo de vida. Enquanto isso, no campo, surgiram as ligas camponesas, proliferando a luta pela Reforma Agrária. Na política externa vigorava a PEI (Política Externa Independente), numa luta contra o imperialismo e pela liberdade política e econômica do Brasil. Como afirma Holanda (1982, p. 08) "O país estava irreconhecivelmente inteligente".

Em oposição às transformações sociais e estimulada pelos veículos de propaganda anticomunista do PSD, da UDN e da Igreja Católica, financiados pelos EUA, a classe média engrossou o coro da elite e ajudou a preparar o terreno para o golpe militar (ARNS, 1985).

[21] Trecho de "Los comunistas", de Pablo Neruda, traduzido por mim.

Com a elaboração do comunismo como um inimigo a ser combatido, não só no Brasil, mas também em nível internacional, as elites espalharam o medo de que o país seria tomado pelos comunistas e que, por isso, era preciso fazer algo antes que fosse tarde demais:

> As pessoas de fato acreditavam que havia esse perigo. Assim como parte dos revolucionários de esquerda acreditava que era possível, pelas reformas de base, uma reestruturação do país. A elite [...] acreditava que era preciso o poder militar para recolocar o país nos eixos (SOUZA, 2008, p. 102).

Com o golpe, o PCB teve de voltar a agir de forma clandestina na política e na tentativa de redemocratizar o país.

Nos primeiros anos da Ditadura Militar, a luta dos comunistas se dava no âmbito da democratização do regime político e da sociedade. Até 1968, estudantes, a classe operária e os artistas se encarregaram das lutas sociais. Nesse período, o regime, ainda que ditatorial, permitia certa liberdade para a atuação desses movimentos, a repressão era crescente da mesma maneira que a adesão aos grupos de oposição. Segmentos das camadas populares, assim como intelectuais e artistas e o movimento estudantil, deram início a um

> 'movimento popular', com base em iniciativas da Igreja Progressista e da Teologia da Libertação, das comunidades eclesiais de base (CEBs) e das pastorais, dos centros de educação popular e de algumas organizações civis comunitárias (SCHERER WARREN, 1999, p. 09).

O governo respondia à crescente organização civil com Atos Institucionais (AI) autoritários, entre eles o AI-5[22] que vigorou de 13 de dezembro de 1968 a 1º de janeiro de 1979 e que proibia todas as manifestações públicas. Uma sociedade que já vivia sob uma

[22] Ainda que a tortura tenha sido rotina durante todo o período ditatorial, depois do AI-5 ela se tornou muito pior, muito mais institucionalizada, violenta e rotineira. Os efeitos sobre aqueles que estiveram nos porões nunca serão totalmente conhecidos, muitos se calaram, ou por conselho dos advogados ou pelo medo que essa forma de violência criou. Ver mais em Arns (1985). O ato pode ser visto na integra em: http://goo.gl/fvE6SJ.

ditadura agora caminhava em direção ao extermínio de qualquer tipo de dissidência ao regime estabelecido. Restaram duas opções: os movimentos clandestinos de luta armada e os de conscientização.

De acordo com Gaspari (2002b), os militares americanos estavam na costa brasileira, prontos para dar uma resposta favorável aos golpistas caso uma guerra civil se instalasse após a deposição de João Goulart. Segundo o autor, o Plano de Contingência 2-61, conhecido como *Brother Sam*[23], garantia o apoio de um porta-aviões, um porta helicópteros, seis contratorpedeiros, um posto de comando aerotransportado e quatro petroleiros, todos carregados de munições e combustível, com o aval do então presidente estadunidense Lyndon Johnson. Os militares norte-americanos estavam preparados para aportar em terras brasileiras entre os dias 8 e 13 de abril de 1964.

A intervenção militar dos Estados Unidos não foi necessária, pois, ao contrário do que os comunistas pensavam, os apoiadores do governo não eram suficientes para uma resistência imediata. De acordo com Gorender (2012), a executiva do PC acreditava que João Goulart tinha forças suficientes para resistir ao golpe e não se empenhou em uma mobilização, seja de massa popular, seja de força militar. Ainda segundo o historiador, havia oficiais de alto escalão na Força Aérea Brasileira prontos para bombardearem a coluna do general golpista, Mourão Filho, mas foram desaprovados por Luiz Carlos Prestes, principal dirigente do PCB na época.

Para Pinheiro (2013), logo nos primeiros momentos da ditadura, o aparato militar/policial repressivo, criado pelo novo governo, atacou os comunistas. A primeira vítima de que se tem notícia foi o estivador e sindicalista Antogildo Pascoal Viana (AM), assassinado em abril de 1964. Seguiram-se a ele, ainda naquele ano, mais oito militantes, entre eles o catarinense Divo Fernandes D'oliveira.

[23] A operação Brother Sam foi descoberta pelo jornalista e historiador Marcos Sá Corrêa, em 1975. Na época o jornalista trabalhava no Jornal do Brasil como repórter especial e pesquisava com o também jornalista, Elio Gaspari, os papéis do começo do regime depositados na casa do almirante Paulo Castello Branco, filho do marechal e ditador Humberto de Alencar Castello Branco. Em um desses momentos, Paulo teria comentado que o governo estadunidense estava liberando documentos do ano de 1963. Corrêa foi, então, para a biblioteca presidencial Lyndon Johnson, em Austin, no Texas, EUA, onde encontrou centenas de páginas sobre o apoio dos Estados Unidos ao golpe no Brasil.

Segundo Arns (1985), enquanto os generais iam ocupando as cadeiras do executivo federal e nos estados, cassavam os três presidentes da República anteriores ao regime, seis governadores estaduais, dois senadores, 63 deputados federais, cerca de 300 deputados estaduais e vereadores, mandavam para a reserva 77 oficiais do exército, 14 da marinha e 31 da aeronáutica, expurgavam 24 dos 91 generais, exoneravam cerca de 10 mil funcionários públicos, 70% das confederações e sindicatos com mais de 5 mil trabalhadores eram fechados e abriam cinco mil investigações, atingindo 40 mil pessoas. Parte do alto-comando das FFAA realizava cursos ministrados na Agência Central de Inteligência (CIA) dos EUA[24], como o caso do militar catarinense Aroldo José Machado da Veiga (ASSUNÇÃO, 2004). Beto (1982) resume este treinamento: separar e jogar os presos uns contra os outros; interrogá-los; torturar, usando os "métodos científicos"; aumentar a tortura quando o preso atingir o limite de suas forças; dar a impressão de que os Órgãos de Segurança conhecem os detalhes da vida do interrogado, intensificando as torturas quando o preso começar a admitir as acusações.

O treinamento era aplicado depois pelas FFAA em aulas ministradas a outros militares, descritas no *Dossiê Brasil Nunca Mais*:

> O método de torturas foi institucionalizado em nosso país, [...] a prova deste fato não está na aplicação das torturas pura e simplesmente, mas, no fato de se ministrarem aulas a este respeito, [...] em uma delas o Interrogado e alguns [...] companheiros, serviram de cobaias, aula esta que se realizou na PE [Polícia do Exército] da GB [Guanabara], foi ministrada para cem (100) militares das Forças Armadas, sendo seu instrutor um Ten. HAYTON, daquela U.M. [Unidade Militar]; que, à concomitância da projeção de "slides" sobre torturas elas eram demonstra-

[24] Com o tempo, a repressão brasileira foi aprimorando os conhecimentos adquiridos nos EUA e se tornou a formadora de mão de obra repressora na América do Sul. A Escola Superior de Guerra (ESG) passou a treinar torturadores das ditaduras latino-americanas e o aparato repressivo desenvolvido no Brasil passou a ser utilizado na Operação Condor. Ver mais em Souza (2014).

> das na prática, nos acusados, como o interrogado e seus companheiros, para toda a plateia (ARNS, 1985, p. 31).

Esse treinamento era legitimado a partir de dois conceitos básicos: o primeiro está relacionado à concepção absolutista de segurança da sociedade e pode ser definido pela frase de propaganda da ditadura, "Brasil, ame-o ou deixe-o"; o segundo conceito associa-se à ideia de que quanto mais repressão, menor a resistência "terrorista". Se os militares respondem com violência, o terrorismo acaba (GASPARI, 2002a).

Por conta da grande adesão de estudantes às fileiras do PC ou das entidades de esquerda, os jovens estavam na linha de frente quando se tratava de presos e torturados pelo Estado:

> Num período em que a população de nível superior no Brasil atingia 1,4% da população, este pequeno contingente contribuía com 39% dos casos de morte por razões políticas, 26% dos casos de tortura e 21% dos denunciados. [...] Para diversos militares, o envolvimento das Forças Armadas nesse combate [contra os estudantes] se fazia necessário porque a maior parte da inteligência brasileira, o que havia de mais alto nível, estava comprometida com o comunismo, desafiando não só os valores da pátria como também a própria polícia, não tão abastecida de cérebros (D'ARAÚJO; SOARES; CASTRO, 1994, p. 22).

No Gráfico 1, elaborado a partir dos dados compilados do *Dossiê Brasil Nunca Mais*, é possível ter uma ideia da quantidade de pessoas torturadas no Brasil durante o período ditatorial, destaque para a elevação entre 1969 e 1975, período em que o AI-5 esteve em vigor:

Gráfico 1 – Pessoas torturadas no Brasil durante a ditadura militar (1964-1977)

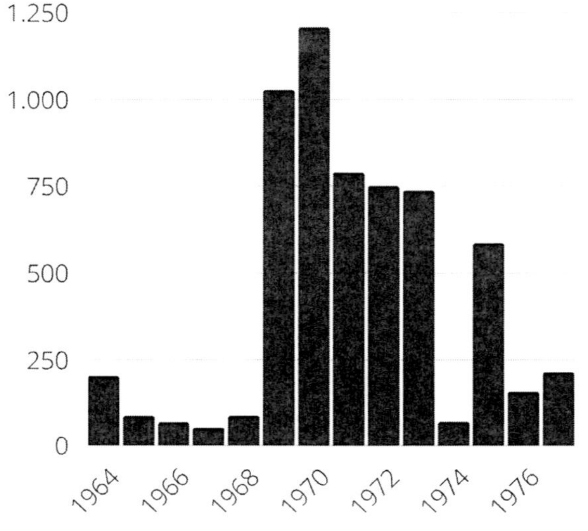

Fonte: Arns (1985)

Nos primeiros anos de governo militar, ainda havia algum espaço e liberdade para a resistência por meio da arte e dos movimentos sociais. Até 1968, artistas protestavam com suas obras e as greves cresciam em Osasco, SP e Contagem, MG, retomando a luta sindical. Na política, o MDB assumia uma postura mais crítica com relação aos militares. Nesse contexto, o PCB também se caracterizou pela oposição por meio da luta política. O partido fez a opção por "alianças com outras forças, inclusive, com setores que nada tinham a ver com o socialismo e pela luta civil, afastando-se da luta armada" (NAPOLITANO, 2013, p. 318).

Devagar a oposição ao regime ia adquirindo força nas ruas, fábricas, escolas e universidades, mesmo que essas ações viessem acompanhadas do crescimento da repressão. As manifestações estudantis eram cada vez mais frequentes em centros como Rio de Janeiro, Belo Horizonte, Brasília e São Paulo. Esse crescimento na organização dos estudantes culminou, em 1968, com a chamada "Passeata dos 100 mil".

Em março de 1968, o estudante Edson Luís, de 18 anos, foi morto pela polícia do Rio de Janeiro, durante um protesto. Os policiais invadiram o restaurante estudantil onde os manifestantes tinham se abrigado e o comandante da tropa da PM, Aloísio Raposo, atirou a queima roupa no peito do secundarista. A população não permitiu que os policiais levassem o corpo ao Instituto Médico Legal (IML), com medo de que ele desaparecesse. Em vez disso, Edson Luís foi levado em passeata à Assembleia Legislativa do Rio de Janeiro, local em que ocorreu a necrópsia e em que foi atestado o óbito. Imediatamente,

> espalham-se por todo o país manifestações públicas de protesto. Também as lutas operárias ressurgem com alguma vitalidade. Crescem o enfrentamento e as denúncias contra o Regime Militar, tendo as classes média urbanas ocupado a frente das movimentações (ARNS, 1985, p. 62).

Para Gaspari (2002a), quando o ano de 1967 terminou, a esquerda e a direita estavam de acordo em um ponto: "a necessidade da criação de uma ruptura militarizada para o encaminhamento da divergência política". Os dois lados tinham a certeza de que, em pouco tempo, a guerra começaria.

Foi a gota d'água para que o governo baixasse o AI-5, onde definia o seu inimigo: "Atos nitidamente subversivos oriundos dos mais distintos setores políticos e culturais, comprovam que os instrumentos jurídicos estão servindo de meios para combatê-la e destruí-la [a 'revolução']". Segundo Martins (2010), o isolamento dos militares foi responsável pelo fortalecimento da chamada "linha dura", que passou a agir de forma cada vez mais violenta na tentativa de forçar ainda mais o fechamento político do país. A partir daquele momento, foram restabelecidas as demissões, cassações de mandato e suspensões de direitos políticos. Assim como houve a ampliação da censura e das restrições da liberdade de expressão e de reunião. "Um artigo permitia que se proibisse ao cidadão o exercício de sua profissão. Outro patrocinava o confisco de bens" (GASPARI, 2002b, p. 340).

Dentre todos os 12 artigos existentes no ato, o de número 10 foi aquele que mais deu calafrios nos que lutavam contra a ditadura. Nele ficava suspensa a garantia de habeas corpus para crimes políticos contra a segurança nacional[25], a ordem econômica e social e a economia popular. Esse texto era a prerrogativa necessária para prisões arbitrárias e tortura pelo país. Os militares passaram a ter o poder de prender quem quisessem por 60 dias, dos quais 10 poderiam ser de forma incomunicável[26].

Todas as emissoras de rádio e televisão, assim como as redações dos jornais escritos, passaram a contar com censores encarregados de filtrar textos, canções e programas que, de alguma forma, fossem encarados pelo governo como subversivos. Em 1974, com o AI5 em vigor, foram censuradas 452 peças de teatro pelo Brasil, número que não leva em conta a "censura de boca" e nem a autocensura (PETRY, 2008). A Imagem 02, demonstra um pouco do que foi toda essa situação[27]. Nela temos um recorte do jornal *O Estado de São Paulo,* censurado em 1973.

---

[25] Segurança Nacional, para Alves (1984), é um instrumento das classes dominantes, associadas ao capital estrangeiro, que o usam para legitimar e perpetuar, de forma não democrática, um modelo baseado na exploração e no desenvolvimento dependente. Nesse contexto, os militares aparecem como os principais propagadores do medo de um governo comunista no Brasil. Dessa forma, as FFAA se apoiaram na doutrina de Segurança Nacional [DSN] usando-a "como a garantia contra o perigo vermelho, que poderia estar em qualquer parte, tentando de forma sub-reptícia dominar o Brasil e o mundo" (TORRES, 2009, p. 79).

[26] Antigos aliados do governo militar foram depostos de seus cargos e presos, como o governador do Rio de Janeiro, Carlos Lacerda, e Hugo Gouthier, ex-embaixador do Brasil em Roma. 66 professores universitários foram expulsos do país, entre eles, Fernando Henrique Cardoso, Caio Prado Junior e Florestan Fernandes. Artistas como Marília Pêra, Gilberto Gil e Caetano Veloso foram levados às carceragens militares.

[27] Para driblar a censura, os jornais improvisavam como podiam, substituíam os trechos censurados por cartas de leitores, colocavam grandes tarjas pretas ou deixavam os espaços em branco ou, de forma mais ousada, trocavam os textos proibidos por receitas de bolo, deixando claro que naquele espaço deveria haver outro conteúdo.

Imagem 02 – Manchete censurada sobre saída de ministro do governo Médici, em 10 de maio de 1973

O ESTADO DE S. PAULO

Recrudescem as lutas em todo o território libanês

Cirne Lima diverge e renuncia

Na carta, defesa dos agricultores

Rogers chega a 19 mas só vai a Brasília dia 22

Kissinger retorna sem ter marcado visita de Brezhnev

MDB pode não votar "impactos"

Petróleo ainda não tem acordo

Bem aceito plano Cámpora

112 páginas

O ESTADO DE S. PAULO

Recrudescem as lutas em todo o território libanês

Médici nomeia um novo ministro

agora é samba

DOMINGO 19:50 H. PROGRAMA ELDORADO

Dos Leitores

Salomão e rosas

Rogers chega a 19 mas só vai a Brasília dia 22

Kissinger retorna sem ter marcado visita de Brezhnev

MDB pode não votar "impactos"

Nixon promete toda a verdade

Fonte: Memorial da Democracia. Disponível em: http://memorialdademocracia.com.br/card/governo-impoe-censura-previa-a-imprensa. Acesso em: 04 dez. 2020

Com o AI-5, o governo institucionalizou a repressão, a censura e a caça/cassa aos militantes antiditadura se intensificou com centenas de prisões e o exílio de muitos brasileiros, entre eles vários militantes do PC. Entre 1973 e 1976, o PCB foi massacrado pelos militares por meio da

> 'Operação Radar', que tinha como objetivo liquidar o histórico operador político dos comunistas brasileiros. Essa era uma das medidas impostas pela geopolítica arquitetada por Golbery do Couto e Silva[28], para flexibilizar a ordem política brasileira (PINHEIRO, 2013).

O número de processados entre 1968 e 1974 chegou a quase 4.500, sendo que, de acordo com Arns (1985), 2.868 tinham 25 anos

[28] Golbery foi um dos principais teóricos da DSN, elaborada nos anos 50 na (ESG), e um dos criadores do Serviço Nacional de Informação (SNI). Durante o governo do presidente Ernesto Geisel, a partir de março de 1974, tornou-se um dos responsáveis pelo processo de abertura política, ocupando o cargo de Chefe da Casa Civil nos governos Geisel e Figueiredo, até 1981.

ou menos e 91 sequer tinham completado 18 anos. Mais da metade dos atingidos judicialmente possuíam ensino superior, o que, se levarmos em consideração o índice de educação da população brasileira à época (de apenas 1% com curso de graduação), mostra que os que se posicionaram contra o regime de forma mais contundente possuíam altos níveis de estudo. Além disso, a maior parte das prisões foram feitas de forma ilegal, como pode ser visto no Quadro 01:

Quadro 01 – Prisões efetuadas com ou sem o consentimento de um juiz entre 1964 e 1979

Consentimento judicial	Número de casos	%
Não consta qualquer comunicado	6.256 casos	84%
Comunicação feita no prazo legal	295 casos	4%
Comunicação feita fora do prazo legal	816 casos	12%

Fonte: Arns (1985)

Esse tipo de arbitrariedade ocorre, porque em um regime autoritário, os dirigentes políticos se articulam para a suspensão de direitos fundamentais, transformando ou desrespeitando a lei de acordo com interesses próprios, passando a utilizá-la como um instrumento constante de repressão política.

O AI-5 foi o incentivo que muitos jovens precisavam para ingressar na luta armada. A partir de 1968, as guerrilhas urbana e rural cresceram vertiginosamente, com o surgimento e a consolidação de líderes como Carlos Marighella, da Ação Libertadora Nacional (ALN), e Carlos Lamarca, ex-capitão do exército que passou a integrar os quadros da Vanguarda Popular Revolucionária (VPR). Naquele ano, houve o surgimento de pelo menos 19 organizações armadas, como a VPR, a ALN, o Partido Comunista do Brasil (PCdoB foi formado por dissidentes do PCB em 1962 e, em 1968, passou às ações armadas) e o Movimento Revolucionário 8 de Outubro (MR8).

Entre 1968 e 1971, no auge das ações armadas, os grupos guerrilheiros foram responsáveis por pelo menos:

> 154 assaltos a bancos e carros-fortes; foram sequestrados 8 aviões, 3 embaixadores e 1 cônsul; 1.416 militantes que pegaram em armas, espalhados em 19 organizações; no total os grupos guerrilheiros acumularam 3,8 milhões de dólares com suas ações; 30,7% dos militantes que pegaram em armas eram estudantes; foram 2233 denúncias de tortura (CORDEIRO, 2007, p. 24-25).

Quanto mais fechado e repressivo o governo militar se tornava, mais ele empurrava os grupos civis insatisfeitos para a luta armada. De acordo com Arns (1985), a partir de 1969, cresce intensamente o índice de presos e processados por ações desse tipo.

Durante a vigência do AI-5, o ataque aos comunistas se intensificou. Em âmbito nacional, surgiu a Operação Radar que tinha como objetivo destruir o comando central do partido, enquanto operações menores foram desencadeadas nos estados, como a Marumbi, no Paraná e a Operação Barriga Verde, em Santa Catarina, que tiveram como clara intenção desarticular a militância comunista.

Posta em prática no final de 1975, a Barriga Verde durou até 1977 e teve 42 presos em todo o estado de Santa Catarina. Os prisioneiros eram levados para Curitiba e depois trazidos de volta à Colônia Penal Urbano Salles, na cidade de Florianópolis. A maioria foi torturada:

> *As prisões iniciaram-se dia 4 de novembro [de 1975] pela manhã. Antes disso, alguns estávamos sendo seguidos [...]. Falei prisões, mas [...] foram sequestros. Sem qualquer ordem de prisão ou aviso aos familiares. As nossas casas foram invadidas ilegalmente. Foram retirados sem ordem, livros, objetos de uso pessoal, não só dos que estavam nas mãos da repressão, mas também dos familiares* (FILHO, 1975 *apud* MARTINS, 2006, p. 19).

No início dos anos 1970, começara a ganhar corpo a campanha pela anistia política. Com o apoio do movimento estudantil, dos partidos e dos grupos de esquerda, organizações sindicais e órgãos da sociedade civil, essa luta assumiu um papel central na redemocratização do país. No final da década, mesmo sob a repressão do AI-5, a população saiu às ruas das principais cidades brasileiras com o slogan: "anistia ampla, geral e irrestrita". Numa clara proposta de lei que garantisse o perdão a todos aqueles que haviam lutado contra o regime, inclusive para os que participaram da luta armada.

A lei de Anistia, promulgada pelo ditador João Figueiredo em 28 de agosto de 1979, no entanto, não foi criada para proteger os brasileiros que lutaram contra o governo, mas, pelo contrário, para dar garantia aos agentes do Estado que cometeram crimes como sequestros, torturas etc. *"Aí tá a resposta. Essas torturas, essas perseguições foram para aleijar, tirar o PC, porque aí eles conseguiram que até hoje os torturadores estão aí com anistia"* (SCHATZMANN E., 2014).

Nas palavras de Bicudo (2014):

> a) de que a Lei de Anistia não alcança, na outorga de seus benefícios, os agentes do Estado que cometeram crimes para a sobrevivência da ditadura militar; b) que esses crimes — contra a humanidade — são imprescritíveis, cabendo ao Estado investigá-los, promovendo contra seus autores o devido processo legal. Isso, tendo em vista que sem Justiça não é possível alcançar a Paz.

Com a Anistia, em 1979, vários militantes que estavam fora do país retornaram ao Brasil e criaram um problema para os militares. Se figuras políticas importantes como Leonel Brizola e Miguel Arraes estivessem juntos no MDB, que já havia tido uma massiva votação nas eleições legislativas de 1974 e nas municipais de 1976, o partido teria garantida a maioria absoluta no Congresso. Para impedir que isso acontecesse, o general Golbery propôs o fim do bipartidarismo no país. A lei foi, de fato, criada em 20 de dezembro de 1979. Fez parecer que o governo estava sendo benevolente com as diferentes correntes ideológicas do país e, ao mesmo tempo, impediu a vitória avassaladora da oposição nas eleições de 1982.

O plano de Golbery foi quase 100% perfeito. Nas eleições de 1982, a primeira com voto direto para governadores nos estados, o

Partido Democrático Social (PDS), herdeiro da Aliança Renovadora Nacional (Arena) e que mantinha o apoio aos militares, teve uma votação bastante expressiva, tornando-se vencedor nas urnas em 12 estados.

Na Câmara Federal, no entanto, o governo não foi capaz de obter a maioria absoluta, reflexo dos resultados favoráveis à oposição nos maiores colégios eleitorais, São Paulo, Rio de Janeiro e Minas Gerais. O PDS elegeu 235 representantes, o PMDB 200, o PDT 23, o PTB 13 e o Partido dos Trabalhadores (PT) elegeram oito deputados.

A vitória absoluta, portanto, foi dos opositores que derrotaram o governo militar nos principais estados da federação, e ainda conseguiram mais de 50% dos deputados eleitos para a Câmara Federal, ainda que fosse a minoria no Senado. Ficava evidente que os militares seriam incapazes de permanecer no poder por muito tempo.

O fim da ditadura militar no Brasil,

> tratou-se do caso mais longo de transição democrática: um processo lento e gradual de liberalização, em que se transcorreram 11 anos para que os civis retomassem o poder e outros cinco anos para que o presidente da República fosse eleito por voto popular (KINZO, 2001, p. 04).

Com a derrota nas urnas, em 1982, e o colapso econômico para o qual o país caminhava, o governo militar foi, cada vez mais, perdendo o apoio dos setores civis que lhe deram sustentação, como o empresariado e a igreja.

Tanto social quanto economicamente, o governo militar foi um desastre para a população brasileira[29]. Não contente em devastar

[29] Socialmente foram milhares de sequestros, prisões, torturas, desaparecimentos, exilados políticos. Na educação, a violência repressiva que se abateu sobre os educadores atingiu os três níveis de ensino: fundamental, médio e superior. A devastação atingiu todos aqueles que tinham ideias de esquerda ou progressistas. Além disso, a privatização do ensino, iniciada na ditadura militar e levada adiante pelos governos democráticos, destruiu a escola pública. Enquanto o repasse de verbas às instituições privadas crescia, as escolas públicas iam definhando, sem condições de oferecer educação de qualidade. O mesmo cenário de privatizações e sucateamento do ensino público com incentivos às instituições privadas pôde ser visto na área da saúde, tratada como mera mercadoria. Na economia não foi diferente. Em 1983, cerca de 90% do que era exportado ia diretamente para o pagamento da

a vida de seus próprios cidadãos, os militares brasileiros ajudaram a piorar a vida de seus vizinhos, como nos países atingidos pela Operação Condor (OC)[30], por exemplo.

dívida externa, que já estava na casa dos U$$ 90 bilhões, e a inflação voltou a subir, chegando à marca de 84,32% em fevereiro de 1986.

[30] A Operação que foi articulada pelo ditador chileno, Augusto Pinochet, foi um acordo operacional entre as ditaduras do Cone Sul, onde as fronteiras desses países deixaram de existir para a caça de adversários políticos. Com a oficialização da operação, o governo brasileiro, por meio do SNI, forneceu a tecnologia de repressão desenvolvida e utilizada no Brasil desde 1964. Para Saber mais sobre a participação do Brasil na OC, ver Souza (2014).

3

O GOLPE E OS COMUNISTAS JOINVILENSES

Alguém foi comunista porque a revolução não é hoje, talvez amanhã, mas certamente depois de amanhã[31].
Giorgio Gaber

Em 1843, a princesa Francisca Carolina Joana Leopoldina Romana Xavier de Paula Micaela Rafaela Gabriela Gonzaga de Bragança, ou apenas Dona Francisca, como é conhecida pelos joinvilenses, casou-se com o francês Francisco Fernando Filipe Luís Maria d'Orleães, príncipe de Joinville e, como parte do dote, a filha de D. Pedro I herdou uma área de 25 léguas[32] quadradas no sul do Brasil.

O príncipe de Joinville cedeu, então, oito léguas[33] desta área para a Sociedade Colonizadora de Hamburgo, para que fossem habitadas e, em março de 1851, com a chegada de alemães, suíços e noruegueses, que se juntaram aos portugueses e indígenas já estabelecidos na região, nascia a Colônia Da. Francisca. Em 1852 a região teve o nome mudado para Joinville que, em 1868, foi elevada à categoria de município (BOBEL; THIAGO, 2005).

Os imigrantes que chegaram a Joinville trouxeram consigo o Deutschtum[34] e observa-se que entre esses imigrantes havia uma massa de profissionais especializados. Eram cerca de

[31] Trecho retirado do poema "*Qualcuno era comunista*" e traduzido por mim.

[32] Légua era parte do sistema de medida de distância em vigor antes da adoção do sistema métrico. Equivalia a aproximadamente 6.600 m. Nesse caso, por volta de 165 km.

[33] Cerca de 53 km.

[34] O *Deutschtum* é o sentimento de pertencimento à comunidade nacional alemã. Ainda que o indivíduo não tenha nascido na Alemanha, possuindo ascendência germânica e se identificando e compartilhando dos valores culturais desse povo. O indivíduo que possui o "sangue alemão".

> quarenta profissões vinculadas ao meio urbano. Marceneiros, alfaiates, sapateiros, mecânicos, açougueiros, cervejeiros, moleiros, pedreiros, funileiros, tipógrafos [...] atividades exercidas [...] por mais da metade dos imigrantes dessa colônia (MAGALHÃES, 1998, p. 26).

O crescimento das empresas familiares e, consequentemente, da classe operária joinvilense, que passou a reivindicar melhores condições de trabalho, desencadeou, de acordo com Costa (2008), a primeira grande greve da cidade, em 1917, quando operários e lavradores fizeram uma paralisação geral no município. Segundo os jornais da época, a greve teria sido insuflada por anarquistas vindos de Curitiba.

No entanto, o movimento era parte da primeira Greve Geral do país. Os operários joinvilenses vinham se organizando desde maio, quando ocorreram comícios pela cidade contra a possível declaração mundial de guerra (JORGE, 2007). O movimento grevista, no entanto, estourou no final de julho, na esteira do que já havia ocorrido em grandes cidades como São Paulo e Rio de Janeiro. Foram paralisadas as atividades na cidade, desde a indústria têxtil até os trabalhadores de estabelecimentos comerciais, com reclamações contra os preços dos alimentos e dos aluguéis.

O crescimento da organização dos trabalhadores como classe levou à criação do Congresso dos Operários de Joinville, em 16 de janeiro de 1934. Porém, o que deveria dar início a uma organização sindical combativa em prol dos direitos trabalhistas, na verdade, foi o surgimento de um Sindicato Amarelo[35], o que teve papel importantíssimo na propagação do município como local ordeiro e de trabalhadores disciplinados. A formação ideológica das lideranças sindicais da cidade durante os anos 1930, agindo em consonância com ideais autoritários — assim como o *Deutschtum* da população de origem germânica —, "culminou com a instauração

[35] Sindicatos que tinham como objetivo as melhorias trabalhistas a partir do diálogo pacifista entre o capitalista e o assalariado, nunca enfrentando os patrões em prol dos trabalhadores.

de um governo integralista[36] em 1936, sob o comando de Aristídes Largura, precursor catarinense do nazifascismo da AIB, de Plínio Salgado" (SOUZA, 2007).

A década de 1930 veio, também, acompanhada de um momento delicado da história do país e que teve repercussão direta no município catarinense. No Estado Novo, um conjunto de leis visava nacionalizar a sociedade brasileira e os "alemães joinvilenses" teriam de se tornar "brasileiros" a qualquer custo: tinha início a Campanha de Nacionalização.

> [...] Para as Leis de Nacionalização serem implementadas aqui na região [de Joinville], elas tiveram que contar com uma estratégia militar, encarregando a 5ª Região Militar (RM) de Curitiba de encaminhar a nacionalização em Santa Catarina (COELHO, 2008, p. 33).

Os clubes e instituições culturais tiveram suas atividades sumariamente encerradas e o *Kolonie Zeitung* (*Jornal da Colônia*) — periódico de maior circulação na região à época e, até então, escrito em alemão — passou a ser publicado em português. Qualquer um poderia ser denunciado e muitos joinvilenses acabaram presos. Alguns, acusados de nazismo; outros, pelo uso do idioma natal.

O Estado Novo trouxe consigo, também, a política de controle nacional sobre áreas consideradas estratégicas para o desenvolvimento do país, como o petróleo e a indústria siderúrgica, por exemplo. Segundo Dreifuss (1981), o regime imposto a partir de 1937 garantiu a supremacia econômica da burguesia industrial, mobilizando políticas públicas e recursos financeiros pautados nas noções militares de ordem e progresso, garantindo, diretamente, os anseios dos industriais.

O *deutschtum*, a ética protestante e o conservadorismo, a atuação dos sindicatos amarelos, sob controle dos empresários, a forte repressão durante a Campanha de Nacionalização do governo Vargas,

[36] Em Santa Catarina, a Ação Integralista foi criada na capital, em março de 1934, tendo como principais dirigentes Othon Gama d'Éça, Antônio Bottini e Carlos Sada.

movimentos da classe política e empresarial com reuniões meses antes de os militares chegarem ao poder, procurando criar um clima propício para o regime e a participação da igreja católica, por meio do bispo Dom Gregório Warmeling[37] possibilitando tudo isso, criou uma atmosfera muito favorável às medidas conservadoras, o que, para Souza (2008), fez com que a cidade de Joinville estivesse pronta para apoiar a ditadura em 1964, tanto "que na manhã seguinte ao golpe houve várias prisões".

Ainda de acordo com Souza (2011), a elite de Joinville se articulou na preparação do Golpe. A União Cívica[38], formada por mulheres da alta sociedade, a Associação Comercial Industrial (ACIJ), poderosa desde o início do século XX, os políticos locais "e, nesse primeiro momento, a participação da Igreja, fazem com que a cidade sinta-se insegura e, porque ela está insegura, alguém tem que protegê-la".

Essa insegurança estava pautada, principalmente, no medo de que os comunistas tomassem o poder:

> *Sempre se falou que os comunistas [...] iam tirar a liberdade, tirar a propriedade e esse negócio de tirar a liberdade, na primeira eleição do Lula, em 1989, me deparei com muitas pessoas, quando eu estava com a camisa do PT, diziam que "Como você vai apoiar uma coisa que se você tem um apartamento de três quartos você vai perder um quarto." [...] então isso era muito forte. [...] Isso se espalhou, se difundiu muito pelas rádios, pelas escolas, pela religiosidade* (IMHOF, 2014).

[37] Segundo Fabrício (2009), após o levante comunista de 1935, o comunismo tornou-se um problema real para a igreja católica no Brasil. Com isso, os bispos brasileiros passaram a investir de forma massiva na retórica anticomunista por meio de cartas pastorais (sete ao todo). Além disso, as orientações papais acerca do comunismo eram traduzidas e enviadas para as paróquias, funcionando como uma cartilha para religiosos e fiéis.

[38] A União Cívica Feminina de Joinville (UCFJ), foi fundada em 11 de abril de 1964 e era formada, de acordo com Guedes *et al.* (2008, p.123), por "donas de casa, professoras, profissionais liberais, advogadas e até uma juíza", recebeu amplo apoio das autoridades institucionais: empresários, imprensa, do Batalhão, da ACIJ, das instituições de ensino etc. De cunho conservador, a UCFJ exercia forte influência junto à população do município, ao mesmo tempo em que proporcionava às mulheres envolvidas, um certo empoderamento, já que, naquele período, não era comum a participação feminina na vida política.

Em fevereiro de 1964, pouco mais de um mês antes do golpe, o antigo 13º BC, atual 62º Batalhão de Infantaria (BI), já fazia manobras militares de vigilância e apreensão aos arredores de Joinville, com bloqueios na BR-101 que, ainda sem pavimentação e em péssimas condições, já era de suma importância para o escoamento de mercadorias e para o deslocamento da população entre o Paraná e o Rio Grande do Sul e por toda Santa Catarina. Os soldados envolvidos nas operações eram informados de que estavam combatendo a revolução dos comunistas que queriam derrubar o governo:

> *De 15 de fevereiro em diante, nós caímos na luta. [...] Na época estava sendo feita a BR-101, e a gente foi destacada [sic] pra lá, pra fazer a vigilância de entrada de caminhões com munição, com armas, enfim, coisas assim, porque depois eu vim saber o que era aquilo dali. [...] Depois eu vim entender que aquilo era a revolução comunista, que os comunistas estavam tentando derrubar o regime. [...] A gente ficou destacado aproximadamente ali onde hoje em dia é o trevo de Jaraguá do Sul com São Francisco, [...] na saída do quilômetro quatro [...]. Ali houve a detenção de veículos, de caminhões carregados de coisas pesadas. [...] A gente ficou ali de 15 a 20 dias, uma coisa assim* (BAAD, 2008, p. 03).

As ações são confirmadas por vários Boletins Internos do Batalhão, deixando claro que a vigilância era grande na região. Havia um revezamento de 48 por 48 horas entre os militares que patrulhavam e vigiavam o aeroporto de Joinville, a BR-59 e o Km 4 da Estrada de São Francisco. Além desses, outros locais foram postos sob vigilância contra possíveis atos de subversão, principalmente as subestações de energia e as agências dos correios (GUEDES *et al.*, 2008):

> *Quando eu fui para o quartel, eu via e ouvi falar que essa revolução, que era revolução dos comunistas que estavam querendo derrubar o regime e quando mais tarde fiquei sabendo corretamente do que se tratava, quais as intenções e essas coisas todas, então houve bastante comentário que eles iam jogar veneno nas caixas d'água, principalmente em Blumenau, não sei, nessas cidades*

> *maiores pra envenenar o povo, isso foi falado um monte de coisa sobre isso ali, e só sei dizer que dia 31 de março de 1964, houve em Joinville uma solenidade onde foi [estabelecido] o regime* (BAAD, 2008, p. 04).

O medo dos comunistas, a insegurança propagada, inclusive, pelo bispo que afirmou que *"É bem conhecido que as seções da Ação Católica estão infiltradas de comunistas"*[39], fez com que, em abril de 1964, logo após a tomada do poder pelos militares, a elite do município se mobilizasse para a criação da MFDL na cidade. Segundo o historiador Afonso Imhof, as mulheres do empresariado estiveram em peso na manifestação. Isso se deu porque Joinville fazia parte do projeto econômico desenvolvimentista[40] conhecido como "a arrancada do aço", com grande parte das indústrias voltadas ao setor metalmecânico e com o empresariado fortemente influenciado pela filosofia ipeana[41]. Após o golpe,

> [...] Joinville foi especialmente agraciada com incentivos financeiros durante todo o período do Regime Militar o que colaborou ainda mais para o seu poderio econômico e o consequente crescimento de sua população (GUEDES; NETO; OLSKA, 2008, p. 117).

A MFDL teve ampla divulgação e cobertura dos meios de comunicação locais, como o jornal *A Notícia* e as emissoras de rádio. Entre estas estava a *Rádio Cultura,* pertencente à empresa *Fundição*

---

[39] Afirmação de Dom Gregório contra a Ação Católica da arquidiocese de Belo Horizonte que se colocou favorável a Reforma Agrária (CENTRO PASTORAL VERGUEIRO, 1978).

[40] A importância do município para o desenvolvimento do governo em âmbito, não só regional, mas nacional, fica evidente com a série de visitas de lideranças ligadas às FFAA, à ESG e ao governo federal, incluindo três ditadores: o marechal Arthur da Costa e Silva visitou a cidade por duas vezes, em 11 de novembro de 1966 e em 28 de março de 1969; o general Ernesto Geisel esteve em Joinville para as comemorações do 1º de maio de 1975; e o general João Baptista Figueiredo, em 5 de agosto de 1982, presenciando as assinaturas de contratos para a construção de casas populares e a ampliação das redes de água e esgoto.

[41] Instituto de Pesquisas e Estudos Sociais (Ipes) era formado por empresários de multinacionais, empresas privadas e banqueiros de todo o país, mas, principalmente, do eixo Rio-São Paulo e servia como órgão disseminador da ideologia antipopulista por meio dos veículos de imprensa, dos sindicatos amarelos, educação, assistência social e produzindo livros e filmes. Com o golpe, o grupo teve ação direta no apoio aos militares, tornando-se um dos principais braços civis do novo regime. Ver mais em Guedes *et al.* (2008) e no clássico *1964: A conquista do Estado – Ação Política, Poder e Golpe de Classe*, de René Dreifuss (1981).

Tupy[42] e que passaria a ser a emissora "oficial" dos acontecimentos na cidade e de sustentação ao governo no município, mas não sem ser atingida pela censura estatal. O relato do jornalista e radialista Eli Francisco (2014), evidencia o que ocorria afirmando que: *"Nós tínhamos um registro no SNI, tínhamos que dar a nossa vida pregressa, até o meu pai que havia sido preso em 1938 eles levantaram"*.

Além da rádio, o *Correio da Tupy*, periódico da fundição, atuou diretamente na convocação da população para a marcha, articulando setores da sociedade joinvilense no combate ao "perigo vermelho" mesmo antes de março e abril de 1964. Em fevereiro, previamente à criação oficial da UCFJ, um grupo de mulheres ligadas ao empresariado do município, chegou a promover conferências com uma expatriada cubana para falar contra a revolução de esquerda em seu país de origem. Essas conferências ocorreram no auditório da Escola Técnica Tupy (ETT), para alunos, professores e funcionários; durante o almoço no restaurante da empresa, para os operários; na sede do sindicato dos trabalhadores de Joinville; durante um jantar no Rotary Clube; na empresa farmacêutica Laboratório Catarinense; e no Clube Joinville. Todas divulgadas e depois relatadas pelo jornal da empresa. A própria criação da UCFJ, apenas treze dias antes da marcha ocorrer no município, gera conjecturas sobre se a fundação da entidade não estaria relacionada efetivamente a organizar e viabilizar o evento (FREIRE, 2014).

Para o então prefeito Nilson Bender (2011), a marcha teria ocorrido em Joinville por conta dos:

> *Abusos dos governantes de então. O João Goulart e a sua entourage, eles estavam desgraçando o país, preparando o país para ser entregue aos comunistas. Então é claro que a opinião pública era contra. Não teria sido possível fazer a tal da revolução de 31 de março de 1964 se não*

[42] Maior empresa de fundição da América Latina, viria a ser a grande beneficiada com o regime militar na cidade, recebendo volumosas quantias de dinheiro em investimentos do governo federal que, em um contexto de Guerra Fria, aumentava as políticas públicas de incentivo às indústrias siderúrgicas e de transformação de metais. A importância da fábrica era tanta que ela viria a receber a visita do ditador general Costa e Silva, em 28 de março de 1969, em pleno período do AI-5.

> *houvesse uma predisposição da opinião pública de apoiar esse movimento.*

Ao chegar ao quartel, a marcha foi encerrada com um discurso do Coronel Remo Rocha, então comandante do batalhão, exaltando o poder da democracia e o desejo do novo governo de defender o país:

> Eu peço ao povo, agora, que aguarde do lado de fora, que é desejo deste quartel dar ainda neste momento uma demonstração de seu contentamento. Ele quer desfilar para vocês todos verem bem o entusiasmo com que nós iríamos para as trincheiras para defender a causa da democracia, porque somos democratas, somos brasileiros e queremos um Brasil para nós brasileiros...! (CORREIO DA TUPY, 1964 *apud* GUEDES *et al.*, 2008, p. 128).

O novo governo tinha ciência da necessidade do apoio da população e dos meios de comunicação para se manter no poder e, por isso, rapidamente deu início a uma empreitada nacional que visava a manipulação da opinião pública. Em Joinville, essa ação esteve a cargo da 5ª RM, situada em Curitiba e que era responsável pelas forças militares de Santa Catarina. Essa campanha tinha quatro pontos básicos que deveriam ser levados em consideração: "1. A revolução não possui espírito vingativo; 2. Seus objetivos são "descomunizar" o Brasil e combater a corrupção; 3. Ela não afetará os trabalhadores; 4. Não é contra as reformas" (13º BC *apud* GUEDES *et al.*, 2008, p. 121).

Chamam atenção, inclusive, os cursos dados no batalhão, após o golpe, para a ideologização e criação de lideranças pró-ditadura na cidade:

> *Tinha cursos no batalhão [ESG], isso que é uma ideologização, que só eram convidados pessoal de classe média, que obrigatoriamente entravam de gravata, só podiam fazer perguntas identificados e por escrito, esses papeizinhos todos depois eram recolhidos [...] dentro da Secretaria de Educação se distribuía muito material de*

> *educação moral e cívica, havia uma obsessão por isso e isso funcionava muito bem* (IMHOF, 2014).

Joinville chegou a contar com uma representante da ESG na cidade: a professora Iraci Schmidlin. Formada na instituição militar, em 1976, Schmidlin foi Secretária Municipal de Educação do governo Harald Karmann da Arena, entre 1970 e 1973, e fazia parte da Comissão Nacional de Moral e Civismo, criada em 1969. O radialista Eli Francisco lembra dos cursos que era obrigado a fazer nessas instituições ou que estavam ligados a elas:

> *Eu tive de fazer duas vezes um curso da Adesg [Associação dos Diplomados da Escola Superior de Guerra] [...] para falar bem do governo [...] você ia lá, sentava lá e ficava ouvindo aqueles caras falar [sic] só bem do governo, como coisa que eu não soubesse nada* (FRANCISCO, 2014).

As palestras eram dadas, também, na sede de empresas e escolas e tinham amplo apoio e incentivo por parte dos empresários. O jornal interno da Fundição Tupy, por exemplo, em 15 de outubro de 1964 registrou uma dessas palestras que ocorrera na Semana da Pátria na Escola Técnica Tupy. A matéria foi ilustrada com uma foto do Capitão Antônio B. Barreto, descrito como "brilhante oficial do 13º Batalhão de Caçadores" e que falou aos alunos sobre o histórico momento em que viviam e o significado da "Revolução de 31 de março" (GUEDES *et al.*, 2008, p. 121).

Os cursos e palestras oferecidos pelos militares deveriam atingir toda a população, inclusive os trabalhadores fabris e suas entidades representativas. Nessas aulas, ficava evidente a presença do combate ao inimigo interno. Nelas o comunismo era pauta certa e deveria ser enfrentado, assim como qualquer tipo de manifestação pública contrária à ditadura militar.

Segundo Guedes *et al.* (2008), mesmo após o início da ditadura militar, a construção do imaginário popular sobre os golpistas e o exército como o "salvador da pátria" que impediu os comunistas de darem um golpe e criarem uma ditadura comunista no país continuou de forma organizada e sistemática, por meio de várias campanhas. Entre elas houve o resgate da *"Dê ouro para o bem do Brasil"*, que já havia sido utilizada durante a Revolução Constitucionalista de São Paulo, em 1932:

> *Aí tinha um coreto na Rua do Príncipe, ali na Praça Nereu Ramos, e tinha uma jarra [...] e o pessoal "ouro para o bem do Brasil" [...] Tinha um radialista chamado Arno [...] e eu tinha um ciúme porque ele tinha um microfone de ouro, ele pegou, tirou (aí eu quase chorei), ele tirou aquele microfone dele e jogou lá dentro...* (FRANCISCO, 2014).

A campanha ocorreu entre 22 de maio e 12 de junho de 1964 e arrecadou seis quilos e 200 gramas de ouro, além de 23 milhões de cruzeiros, valores que foram entregues pelo 13º BC à 5ª RM, em Curitiba.

3.1 OS PRESOS DE PRIMEIRA ORDEM

> *E se este fosse meu último poema, insubordinado e triste, esfarrapado mas inteiro, apenas uma palavra escreveria: companheiro*[43].
> *Mauricio Rosencof*

Em Joinville, a repressão foi logo caindo sobre os ombros da população. Ainda no dia 31 de março, antes mesmo do golpe ser consolidado, os primeiros cidadãos começaram a ser detidos. Na cidade, foram presos não apenas militantes políticos com ideologias de esquerda, mas também civis que não possuíam nenhum tipo de vínculo partidário ou ideológico. Foi o caso, por exemplo, do fiscal da fazenda e advogado Theodomiro Fagundes Lemos:

> A tarde do 31 de março de 1964 foi quente [...]. Depois de um dia de trabalho [quando] [...] saiu da repartição, localizada na rua 9 de Março, [Theodomiro] atravessou a Praça da Bandeira e foi partici-

[43] Tradução do autor.

> par de uma reunião, como presidente do América Futebol Clube, em uma sala do antigo Palácio dos Esportes, atual ginásio Abel Schulz, bem no Centro de Joinville. Às 17h30, aproximadamente, a reunião foi interrompida por um capitão e dois soldados do então 13º Batalhão de Caçadores. Eles buscavam Theodomiro. Sem qualquer tipo de mandado, como passaria a ser comum a partir daquela data, o levaram preso para a sede do batalhão (BRASIL, 2014, s/p).

Segundo Lemos (2014), Theodomiro foi levado para a Penitenciária Estadual de Florianópolis em um caminhão do exército, algemado e acompanhado de outros presos políticos, todos apenas de cuecas e presos à carroceria do veículo. Na capital, ficou detido até o mês de junho de 1964, sendo interrogado sob tortura psicológica, assistindo a outros presos sofrerem torturas físicas. Esse "interrogatório" deixou sequelas que o acompanhariam até a sua morte:

> *Do meu quarto eu via a luz da sala acesa, três horas da manhã, [...] era ele, sentado no sofá, não conseguia mais dormir porque [...] tinha tido pesadelos, aí amanhecia ali. Aí ele não confiava mais em ninguém, amigo nenhum, mais nada, [porque] ele não sabia quem tinha dedurado ele e ele teve de voltar para o serviço. [...] Sabendo que foi dali que saiu [a denúncia contra ele] [...] sem saber quem fez. [...] Reduziu 80% as amizades. [...] Minha mãe nunca mais foi a mesma, [...] aí junta toda a pressão psicológica durante a prisão dele, a volta dele completamente desgastado psicologicamente e até moralmente* (LEMOS, 2014).

A lista de presos daqueles primeiros dias é grande e, como os Boletins Internos do 13º BC não davam informações sobre quem eram e para onde iam, coube ao jornal *A Notícia* apurar o que estava acontecendo, divulgando listas com os nomes dos detidos:

> Segundo ele [Coronel Remo Rocha] haviam sido designados quatro oficiais "para procederem ao inquérito sobre as pessoas detidas, a fim de apurar responsabilidades", e esses oficiais só iriam até Florianópolis no dia seguinte [10 de maio de 1964]

> [...]. Posteriormente, caso fosse constatada a ausência de culpa, o preso seria colocado em liberdade "sem prejuízo do prosseguimento das averiguações e posterior processo na justiça militar". [...] Para aqueles cuja culpa fosse comprovada, deveria ser pedida a prisão preventiva deles. Esses dados são estranhos, pois a essa altura tais pessoas já se encontravam detidas havia mais de um mês (GUEDES *et al.*, 2008, p. 139).

De acordo com a Comissão Estadual da Verdade Paulo Stuart Wright, na região Nordeste de Santa Catarina, entre os Municípios de Araquari, Corupá, Gaspar, Jaraguá do Sul, Joinville, Mafra, Navegantes, Porto União, São Bento do Sul e São Francisco do Sul foram cerca de 60 detidos ainda em 1964. Somente em Joinville, foram pelo menos 15 pessoas presas pela repressão e que trabalhavam nas mais diversas áreas, como é possível se verificar no Quadro 2.

Quadro 2 – Prisões realizadas pelo 13º BC, na cidade de Joinville, nos primeiros meses da ditadura militar

Nome[44]	**Profissão à época**	**Profissão atual**	**Data da prisão**
Abelardo Lopes da Silva	Estivador	Falecido	05/04/1964
Alceu Vidal Lopes	Comerciante	------------[45]	05/04/1964
Benjamin Ferreira Gomes	Advogado	Falecido	1964
Carlos Adalto Vieira	Advogado	Advogado aposentado	05/04/1964
Conrado de Mira	Sindicalista	Falecido	05/04/1964
Heitor Klein de Souza Lobo	Estudante	--------------	05/04/1964

[44] Os nomes fazem referência apenas aos presos em Joinville, lembrando que o 13º BC prendeu, também, moradores das cidades vizinhas.

[45] Não constava informação nos dados fornecidos pela Comissão Estadual da Verdade.

Humberto Izidoro Maia	Assessor na empresa Cônsul	Falecido	05/04/1964
Ivan Kitto	Estudante	--------------	05/04/1964
Lucindo Costa	Expedicionário	Desaparecido Político	04/1964
Luiz Henrique da Silveira	Advogado	Falecido	1964
Mauricio de Sena Madureira	Advogado	----------------	10/04/1964
Nelly Osmar Picolli	Dentista	Falecido	1964
Orlando Bento da Costa	Funcionário da Receita Federal	Falecido	1964
Teodomiro Fagundes Lemos	Advogado	Falecido	31/03/1964
Turíbio de Oliveira	Estivador	Falecido	1964

Fonte: Luca (2014)

Vários presos dessa primeira leva participavam de atividades sindicais. Como aconteceu por todo o país, alguns sindicatos da cidade sofreram intervenção dos militares ao mesmo tempo em que tiveram seus presidentes detidos. "Como foi o caso do Sindicato dos Arrumadores de Joinville que em 13 de abril [de 1964] teve seu representante substituído por um interventor" (GUEDES *et al.* 2008, p. 139).

Os presos eram levados para Florianópolis onde permaneciam encarcerados e sendo interrogados, de lá, iam sendo encaminhados para a cidade de Curitiba. Era na capital paranaense que ocorriam os julgamentos, pois Santa Catarina, por ter um contingente militar reduzido, não possuía Auditoria Militar. Assim que as prisões tiveram início, um grupo de advogados, ainda que pequeno, se constituiu para garantir a defesa daqueles que eram postos sob a tutela do estado. Entre eles estava o advogado curitibano Antônio

Acir Breda, designado pela OAB de Joinville para fazer a defesa do, também advogado, Carlos Adalto Vieira:

> *Era uma fase romântica em que realmente a gente vivia num sacrifício econômico muito grande porque às vezes se ficava quase que a semana inteira diuturnamente na Auditoria Militar, as audiências começavam pela manhã e iam até a noite, as vezes ia até de madrugada e eu nunca cobrei honorários [...] a maioria dos advogados. Não eram muitos, isso é verdade. [...] Nós éramos poucos, muito poucos para o volume de serviço, até os principais advogados da Auditoria Militar eram todos da Faculdade Federal de Direito [UFPR] e a gente defendia, era uma participação de solidariedade, a gente [tinha] muito colega, muito amigo, muito bancário, muito estudante que responderam [...] alguns processos* (BREDA, 2014).

Se a vida dos militantes políticos que acabavam presos não era fácil, a dos advogados que tinham a coragem de defendê-los era igualmente complicada. Antônio Breda, por exemplo, ao passar no concurso público para lecionar na Faculdade de Direito da Universidade Federal do Paraná (UFPR), descobriu que não poderia tirar a certidão negativa de antecedentes criminais, pois estava fichado no Departamento de Ordem Política e Social (Dops) como subversivo:

> Consta na Sessão de Informações, datada de 24-6-65, que o epigrafado era elemento que nunca escondeu suas ideias comunistas. Era ligado ao grupo de LUIZ FELIPE MIRANDA DE SOUZA RIBEIRO (que pregava ideologia marxista, à ala estudantil). [...] Como última anotação, figura o nome do requerente, juntamente com outro causídico, como defensor do comunista ARISTIDES DE OLIVEIRA VINHOLIS e outros, implicados em Atividades Subversivas, em Inquérito instaurado pela 5ª RM., a cargo do Cél. [sic] Ferdinando de Carvalho (ESTADO DO PARANÁ, 1972, s/p).

O documento do Dops do Paraná, que impediu Antônio Breda de assumir o cargo de professor da UFPR, associa, ainda, o nome do advogado a outras figuras consideradas subversivas pelas forças de repressão, apenas pelo fato de terem assinado juntos uma nota de repúdio à prisão de militantes políticos paranaenses.

Naquele primeiro período do regime, antes do AI-5 de 1968, os advogados conseguiam trabalhar com um pouco de liberdade, ainda era possível identificar os locais para os quais os detidos eram levados e os defensores conseguiram reaver a liberdade de muitos presos por meio de habeas corpus.

Um dos presos naquele abril de 1964 foi o ex-expedicionário do 13º BC, o funcionário público federal Lucindo Costa, que foi chamado à 5ª RM onde foi detido, permanecendo encarcerado por seis meses. Costa era considerado o interlocutor dos comunistas no planalto norte do estado e o responsável por fazer a ponte com os militantes de Curitiba.

Ainda que a primeira prisão tenha sido de duração relativamente curta e que a família soubesse a localização de Lucindo, a repressão nunca mais os deixaria em paz: ele ainda conheceria outros cárceres e morreria em mãos da repressão, enquanto os familiares sobreviviam com a ajuda que vinha dos companheiros de partido. Em 24 de julho de 1967, Lucindo foi sequestrado pelas forças de segurança, na cidade de Rio Negro, no estado do Paraná, para onde fora com a família ao ser transferido em seu trabalho no Ministério da Agricultura:

> *Foram dias intermináveis de espera, que ele não chegava e por mais que procurássemos ninguém sabia onde ele estava, e quando foi o mês de agosto chegou uma carta em casa que dizia para que minha mãe se dirigisse ao Instituto Médico Legal em Curitiba para identificar um corpo, eu nesta época tinha 13 anos de idade e acompanhei minha mãe [...]. E então quando puxaram uma daquelas gavetas meu pai era um homem mulato, e aí [...] puxaram um negro, [...] e o [...] advogado Vieira Neto que era o advogado dos presos políticos [...] e era considerado comunista estava nos acompanhando quando olhamos, [...] minha mãe disse que não era o marido dela e eles diziam que era sim, e aí o doutor Viera Neto*

> *aconselhou-a para que dissesse que era seu marido, aí esta pessoa foi enterrada no cemitério de Santa Cândida como sendo Lucindo Costa, meu pai [...]. Quando chegamos em casa minha mãe nos abraçou, éramos em seis irmãos e ela disse que daquele dia em diante só teria nós e ela e ela e nós* (FERNANDES, 2003).

Outro preso daquele abril de 1964, Turíbio de Oliveira, que era estivador no porto de São Francisco do Sul, foi detido por sua participação na luta pelos direitos dos trabalhadores portuários e pela participação em greves desde 1961:

> *Fui presidente do Clube Paulas, um dos fundadores, e um dia nós estávamos lá, era dia de baile, estávamos [...] eu e mais, por coincidência, 11 pessoas! Conversando [...] e o capitão Moraes, que era o homem inquisidor aqui, [...] me intimou. E me perguntou se eu já tinha formado o bloco dos onze. Não, mas eu sei o que é um bloco dos onze. "O senhor sabe?" e eu disse "sei". Qualquer prefeito que se elege, reúne num bar, por exemplo, onze pessoas mais alfabetizadas, mais politizadas para reivindicar direitos para o bairro, é para isso que existe, não para o que estão dizendo que é, para formar um bloco armado, para fazer guerrilha, não é isso. [...] Esses dois homens aqui, pode participar de golpe armado? Mais este outro aqui? Não pode, não tem cabimento... "agora [...] Capitão Morais [...] eu vi a fotografia do Senhor no bolão junto com (?), ele é comunista, ele nunca negou, o senhor estava junto com ele, então..." "Ah, mas..." — "eu podia suspeitar do senhor, assim como o senhor está suspeitando de mim", mas mesmo assim ele me prendeu, me levou pro quartel* (OLIVEIRA, 2003).

Segundo Guedes *et al.* (2008), Turíbio teria ficado marcado por essa prisão e teria tido muita dificuldade em se recolocar no mercado de trabalho e voltar à vida normal.

Nos anos que se seguiriam sob os desmandos do regime, vários outros joinvilenses acabariam presos. O ápice desse processo de encarceramento dos inimigos políticos da ditadura se daria em

1975, com a OBV, desencadeada para eliminar a resistência comunista em Santa Catarina.

Para Lencina (2011), na primeira metade do século XX, as articulações entre o diretório estadual do PCB e os municipais eram muito difíceis, principalmente, em virtude da inexperiência do proletariado catarinense em se organizar politicamente e pela dificuldade de constituir bases nas regiões industriais e agrícolas, como Blumenau, Joinville, Brusque, Rio do Sul, por exemplo, onde a influência do integralismo era muito grande.

Em Joinville, o PCB, começou a dar os primeiros passos rumo a uma organização político-militante apenas a partir da segunda metade da década de 1950. Em 1957, um comunista, de pseudônimo Schultz[46] , chegou à cidade, vindo do Rio Grande do Sul, para dar início à estruturação do partido "na mais absoluta clandestinidade, passando ileso pelas prisões em massa após 1964" (MARTINS, 2005, p. 91).

Enquanto Schultz trabalhava para dar vida ao PCB em Joinville, outros militantes iam se formando, algumas vezes de maneira inesperada, como no caso de Edgar Schatzmann. Ávido leitor, interessado em política, teve seu primeiro contato com o comunismo longe do partido:

> *Na minha mocidade, assim, eu frequentava muito a biblioteca pública [...] e sempre pegando livro, procurando alguma coisa, sempre fuçando [...]. Certa vez eu encontrei um livro, o ABC do comunismo. Não era filiado, não tinha ligação com o partido [...]. Aí não podia levar pra casa, [...] tinha que só ler ali. Aí eu peguei, coloquei embaixo da camisa e levei pra casa, né?! Depois entreguei. [...] Depois consegui, lá dentro também, a biografia do Lenin. Mais tarde eu vim saber que era*

[46] De acordo com Martins (2006), Schultz (Arão Slutzk) teria chegado a Joinville por volta de 1957, já como militante do PCB e com ligações diretas com importantes dirigentes nacionais. Ele reestruturou o partido na cidade de forma clandestina, sem nunca ter sido descoberto pela repressão. Tentei contato com Schultz por meio do ex-companheiro de partido, Edgar Schatzman, e do jornalista Celso Martins, mas ele sempre se recusou a conceder entrevistas. Para Schatzman, mesmo depois de tanto tempo, Arão Slutzk ainda tinha receio do que poderia lhe acontecer caso fosse identificado.

> *um companheiro que colocava esses livros lá dentro, os livros não podia trazer, não estava catalogado, não tava registrado. Mais tarde eu conheci a pessoa que colocava o livro* (SCHATZMANN, 1997).

Em meados dos anos 1950, Schatzmann conheceu Schultz na empresa em que os dois trabalhavam e teve os primeiros contatos com o PCB, no qual passou a militar. Em seguida, começou a trabalhar no Banco Nacional do Paraná e Santa Catarina, no qual, com outros bancários[47], ajudou a organizar o sindicato da categoria e teve os primeiros contatos com o trabalho sindical.

Durante o ano de 1958, Edgar e alguns amigos, entre eles Irineu Ceschin e João Jorge Machado de Souza, ambos presos pela OBV, sintonizavam a rádio Rebelde[48] e escutavam:

> [...] Aquí Radio Rebelde, la voz de la Sierra Maestra, transmitiendo para toda Cuba en la banda de 20 metros diariamente a las 5 de la tarde y 9 de la noche, desde nuestro campamento rebelde en las lomas de Oriente (RODRIGUES, 2014 *apud* RADIO REBELDE, 2014).

Enquanto ouviam as notícias de Cuba, os amigos sonhavam em fazer a revolução no Brasil.

Em 1959, logo após o triunfo da Revolução Cubana, Schatzmann e Elmar Zimmermann, outro militante que nunca se filiou ao PCB, mas que, posteriormente, seria eleito vereador pelo MDB, se depararam com uma manifestação na região central de Joinville contra os revolucionários cubanos:

> *Então aquela praça ali do Cine Palácio [...], tinha bastante gente [...], foi feita pela igreja e os sindicatos reacionários, né? E industriais e tudo. Tinha um orador falando*

[47] Entre eles estava Aderbal Tavares Lopes, que viria a ser vereador e deputado pelo MDB.

[48] A emissora clandestina Rádio Rebelde foi fundada em 24 de fevereiro de 1958, por Che Guevara, em Altos de Conrado, Sierra Maestra. A primeira transmissão realizada pelos guerrilheiros sob o comando de Che durou apenas 20 minutos. Para o comandante-em-chefe da revolução cubana, Fidel Castro Ruz, "a Rádio Rebelde foi um centro de comunicação militar extremamente importante, além de ter sido um instrumento de divulgação massiva que teve um papel político fundamental durante toda a guerra" (RUZ, 1978 *apud* VICTORES, 2008, p. 5).

> *de Cuba, que lá era o inferno, recém tinha vencido a revolução cubana e os caras já estavam dizendo que lá era miséria, que lá era prostituição, que lá a... Então o Elmar falou "eu não vou aguentar", ficou discutindo e disse assim: "Viva Cuba!", bem alto. O outro continuou a falar e ele continuou gritando, e viva Cuba, e nós "Viva Cuba!". Aí o orador parou e disse: "Por que vocês não vão para Cuba?" O Elmar gritou "Não tem passagem! Se der passagem nós vamos!" Arrasou o cara, disse eu*[49] (SCHATZMANN, 1997).

Dos comunistas de Joinville, Schatzmann foi o único a viajar pelo partido para conhecer e/ou estudar em países socialistas. Em 1963, ele embarcou para a URSS, onde ficou até o final de 1965:

> *Nós chegamos lá na União Soviética com frio de lascar [...] e fomos para o alojamento e recebemos roupas quentes, roupas próprias, roupas apropriadas. Os edifícios tinham calefação, aquecimento, então a gente só sentia frio nas ruas. [...] A saudade assim era incrível [...]. Pode ter ditadores, eles podiam dizer que nós éramos loucos, mas eu só queria voltar* (SCHATZMANN, 1997).

Preso por três vezes pela ditadura militar, Edgar foi condenado, em 1967, a dois anos de prisão conforme Boletim de Informações da Secretaria de Estado dos Negócios da Segurança Pública: Instituto de Identificação, em Florianópolis. Solto por *habeas corpus*, o militante joinvilense entrou na ilegalidade e fugiu para o Rio Grande do Sul e, depois, para o interior de Santa Catarina, quando conheceu Lúcia Schinato, que se tornaria sua companheira de lutas políticas e com quem constituiria uma família marcada pelas lembranças da ditadura.

Os dois retornaram a Joinville já casados, Lúcia conseguiu um emprego em uma Clínica urológica, enquanto o pai de Edgar arrumou um trabalho para o filho como segurança no Joinville Tênis Clube. No entanto, a história não foi muito longe. Schatzmann ainda

[49] Em 2013, quando comecei a realizar as entrevistas com o senhor Edgar Schatzman, em diversas oportunidades, ele me revelou que ainda mantinha o desejo de conhecer a ilha mais famosa do caribe e de ver de perto a revolução levada a cabo por Fidel, Che, Raul e Camilo.

era foragido, foi julgado e condenado a cumprir dois anos preso na Cadeia Pública de Joinville.

Em 31 de março de 1971, Edgar Schatzmann voltou a ser preso:

> Julgado a revelia em 1971, no processo do coronel Ferdinando de Carvalho contra o PCB no Paraná, teria que cumprir dois anos de prisão. Primeiro ficou recolhido na sede do Sindicato dos Bancários, depois foi para Florianópolis, seguindo a Curitiba, onde passou pelo quartel da 5ª RM e presídio do Ahú. Através de Agliberto Azevedo[50], dirigente nacional, alguns advogados entraram com pedido de *habeas corpus* junto ao Supremo. "Eles não queriam soltar", conta Edgar, que permaneceu oito meses no Ahú, até que o

[50] Agliberto Vieira de Azevedo nasceu em Rosário do Catete (SE), no dia 19 de outubro de 1906. Em 1920 concluiu os estudos básicos na cidade vizinha de Maruim e, em 1921, ingressou no Colégio Militar do Rio de Janeiro. Em abril de 1927, chegou à Escola Militar do Realengo (RJ). Já influenciado pelas ideias socialistas, em 1929, pediu transferência para a Escola de Aviação Militar (EAM), no Rio, quando passou a colaborar financeiramente com o jornal comunista *A Classe Operária* e filiou-se ao Socorro Vermelho, associação organizada pelo PCB com o objetivo de prestar auxílio a militantes que se encontrassem em situação de necessidade. Em julho de 1930 foi promovido a segundo-tenente, em outubro daquele ano, aderiu ao movimento de Vargas que depôs o presidente Washington Luís. Em junho de 1932 tornou-se primeiro-tenente e passou a trabalhar na organização do jornal comunista *Asas Vermelhas*, filiando-se ao partido no ano seguinte. Em 1935, já como capitão, filiou-se à ANL. Com a ilegalidade do grupo, prosseguiu sua ação política clandestinamente, auxiliando na articulação do levante comunista, deflagrado em Natal (RN), no dia 23 de novembro, e em Recife, dois dias depois, sendo reprimido por tropas governistas. No Rio de Janeiro, os planos visavam à tomada do 3º Regimento de Infantaria, na Praia Vermelha, e da EAM. Na madrugada de 27 de novembro, Agliberto participou do assalto à EAM, assumindo o controle da escola, passando a atacar as instalações do 1º Regimento de Aviação. Derrotados, retornaram à escola, onde foram dominados por militares vindos da Escola Militar do Realengo. Preso, Agliberto Azevedo perdeu a patente de capitão e o posto como militar. Julgado em 7 de maio de 1937, foi condenado a 27 anos e seis meses de prisão, acusado da morte do tenente legalista Benedito Lopes Bragança. Beneficiado pela anistia concedida por Vargas, em abril de 1945, deixou a prisão. Agliberto passou a trabalhar ativamente na organização do PCB, nomeado por Prestes para o Comitê Central, quando organizou várias células do partido. Em 1950, foi preso novamente e condenado pelo Conselho de Justiça da Aeronáutica a quatro anos e quatro meses de prisão, acusado de exercer atividades partidárias nas forças armadas. Após cumprir a pena, foi enviado pelo PCB para o Paraná, onde tornou-se o responsável pelos periódicos *Novos Rumos* e *Terra Livre*. Em 1962, Agliberto concorreu a deputado estadual no Paraná, mas não se elegeu. Após o golpe de 1964, teve os direitos políticos cassados pelo AI-1 e, detido para interrogatório, permaneceu preso até 1966. Depois de libertado, se exilou clandestinamente na Argentina. Em 1969, viajou para a França, onde trabalhou na organização dos exilados políticos e em jornais comunistas. Em 1973, foi para Moscou para as reuniões do comitê central do PCB. A anistia, em agosto de 1979, permitiu o regresso de Agliberto em 1980. Em 1989, foi anistiado pelas FFAA e promovido ao posto de coronel-aviador da reserva. Faleceu na cidade do Rio de Janeiro, no dia 14 de dezembro de 1995 (ver mais em FGV-CPDOC, 2020).

> advogado Antônio Acir Breda conseguiu que o preso ficasse perto da família (MARTINS, 2006, p. 183).

De volta a Joinville, o preso foi encaminhado para a cadeia pública da cidade que era administrada pelo delegado Vlalmar Braga, irmão de Políbio Braga, amigo de Edgar. Por conta dessa proximidade, Schatzmann conseguiu algumas regalias, podendo ajudar na alfabetização dos outros presos comuns. Além disso, logo conseguiu a oportunidade de trabalhar do lado de fora, passando um dia em casa e outro na prisão.

Em meados de 1971, ocorreu a mudança do diretor da cadeia e quem assumiu foi o delegado Francisco Kolb, mantendo a relação amigável com o preso. Foi Kolb quem conseguiu uma vaga para Edgar na empresa Kavo do Brasil. Por ser um preso militar, Edgar recebia a visita semanal do Coronel do Exército Paulo Sílvio Casali.

Em 1972, enquanto estava fora, Edgar foi chamado às pressas de volta à cadeia. Havia um general fazendo uma inspeção e procurando por ele. O militante comunista chegou ainda de pijamas para descobrir que o militar havia decidido por liberá-lo da prisão, não queria manter um preso político em Joinville.

Quando Edgar foi preso pela OBV, no entanto, a situação foi bastante diferente. A operação agiu de forma muito mais violenta e, por consequência, traria implicações de outra ordem ao comunista joinvilense. Foi Lúcia quem conseguiu que ele fosse solto e sobrevivesse ao cárcere:

> *Eu queria saber onde esse Edgar estava, vivo ou morto, não me interessava se iam me matar, o que fizesse comigo, o importante é que eu tinha que descobrir onde ele estava. Eu ia atrás. [...] Até que eu cheguei na televisão, né? Depois de ser ameaçada de morte mesmo pelos militares. [...] Eles deram um ultimato pra mim: "Nós sabemos que os teus pais não sabem onde tu anda" e realmente não sabiam, ninguém sabia, "Nós podemos te dar fim e ninguém vai descobrir, assim como nós vamos dar fim no subversivo que está te iludindo!"*[51]. (SCHATZMANN LS, 2013).

[51] Segundo Lúcia, o diálogo teria ocorrido em Curitiba, na 5ª Circunscrição da Justiça Militar.

O casal proporcionou o momento mais inusitado da ditadura entre os militantes presos na OBV. Depois de ser sequestrado pelas forças de segurança, Edgar desapareceu e Lúcia passou a peregrinar entre as cidades de Florianópolis, Joinville e Curitiba, na tentativa de encontrá-lo. Com a afirmação dos militares joinvilenses e da capital catarinense de que o marido estava preso no Paraná, Lúcia centrou esforços no estado vizinho:

> *Daí eu sentei na praça [...] e fiquei pensando, o que eu vou fazer...? Aí vi uma luz que acendia e apagava [...] olhei pra esquerda "TV Canal 12". Quando eu li "TV Canal 12" eu comecei a pensar naquele embaixador Aloysio... [...] Aloysio Gomide[52] [...] que a mulher dele foi pra televisão [...] e eu escutei ela pedir auxílio pra toda a população que ajudasse a encontrar o marido dela [...] e foi o que eu pensei, digo "é o que eu vou fazer" Aí fui lá na televisão [...] bati, bati, bati, demorou até que vieram me atender [...] aí quando ele abriu eu disse "Meu marido foi sequestrado! Quero falar com alguém!". Aí ele disse "aguarda ali!", aí [...] não demorou muito veio dois caras bem-vestidos e disseram assim pra mim "O seu marido foi sequestrado?" digo "Foi!" "Então a senhora nos acompanhe" [...] fomos para uma sala [...] que era tão cheia de luz... [...] E começaram a perguntar "[...] Como é o seu nome?" eu disse "E o do seu marido?" também, "A senhora tem uma fotografia dele" "Não", eu tinha, mas eu tinha um medo que deus o livre, com todas as ameaças e disse não. "A senhora sabe quem foi que sequestrou?" digo "Não" "Mas não sabe mesmo?", acho que eles andavam desconfiados, digo "Sei, mas eu não digo" e aí eles começaram em cima de mim, sabe? Uma pergunta atrás da outra, um perguntava, outro perguntava antes de eu responder, de repente eu disse "Eu sei quem foi, foi o exército!". Apagou tudo, me pegaram pelo braço e "Corra" eles diziam pra mim [...] me puseram pra dentro do carro da TV e quando nós passamos na frente do Canal 12, estava toda a milicada lá na porta aí me levaram*

[52] Gomide era embaixador do Brasil no Uruguai e, em 31 de julho de 1970, foi sequestrado em Montevidéu por dois membros do movimento guerrilheiro de esquerda Tupamaro que se passaram por técnicos de uma agência de telefonia uruguaia. O embaixador passou 205 dias em cativeiro e só foi libertado após o fim do estado de sítio promulgado pelo Congresso Uruguaio, em 21 de fevereiro de 1971.

> *na BR 101 [...] aí pararam um ônibus [...] e "A senhora entra nesse ônibus que eles vão levar você pra casa" [...] aí [já em casa] de manhã cedo começou alguém a bater aqui na frente [...] aí eu fui ali fora e aí ele simplesmente pegou um papel que estava amassado na mão dele e me entregou, mas o mendigo estava vestido de mendigo [..] era alguém que se vestiu de mendigo e veio me trazer o papel, abrindo aquele papel dizia que eu fosse no Ahú [bairro de Curitiba] que eu ia encontrar o Edgar [...] chegando lá [na penitenciária do Ahú], realmente foi aonde que eu encontrei o Edgar* (SHATZMANN LS, 2014).

A partir da primeira metade da década de 1960, o partido passou a ser reorganizado por importantes dirigentes, como Salomão Malina[53] e Teodoro Ghercov[54], além do já citado Schultz.

> [...] *'Fiz a pior burrada de vir embora'*, avalia Ana Ghercov, 36 anos depois. Foram os melhores anos da vida da família, quando Teodoro pôde dedicar tempo e carinho, principalmente à filha Tânia e à incansável Ana" (MARTINS, 2006, p. 91).

A família Ghercov chegou a Joinville em 1966 e permaneceu na cidade por três anos. Teodoro percorria Santa Catarina refazendo contatos e reestruturando o partido; além disso, atuava diretamente em Curitiba, onde articulava com Edgar Schatzmann, a distribuição do jornal *Voz Operária*[55] em território catarinense. Na Imagem 03, o primeiro exemplar do periódico.

[53] Nascido em 16 de maio de 1922, foi oficial na Segunda Guerra Mundial, sendo condecorado por bravura com a Cruz de Combate de Primeira Classe, maior condecoração do exército brasileiro. Ingressou no PCB no início dos anos 1940, onde foi diretor do jornal *Imprensa Popular* e tornou-se presidente nacional da sigla entre 1987 e 1991. Foi o último Secretário Geral do partido antes da cisão que deu origem ao Partido Popular Socialista (PPS).

[54] Teodoro, conhecido entre os comunistas pelo nome de Raul, era tecelão e havia sido líder sindical nas décadas de 1940 e 1950 no estado de São Paulo, coordenava as atividades do partido em Santa Catarina e integrava o Comitê Central do PCB.

[55] O jornal carioca *Voz Operária* foi fundado em fevereiro de 1949 pelo PCB e circulou regularmente até fevereiro de 1959, quando os próprios comunistas o encerraram. Foi retomado durante a ditadura, sendo a primeira publicação do PCB após o golpe, circulando entre 1964 e 1975, quando ocorreu o fechamento da gráfica do partido. A produção do jornal foi retomada na Europa, em 1976, circulando até agosto de 1979.

Imagem 03 – Jornal *Voz Operária*, primeira edição, publicado em 19 de fevereiro de 1949

O 101.º ANIVERSARIO DO MANIFESTO COMUNISTA

KARL MARX

VOZ OPERÁRIA

ANO I — RIO DE JANEIRO, 19 DE FEVEREIRO DE 1949 — Nº 1

ERGUE-SE O POVO CONTRA A LEI DE SEGURANÇA

"NÃO PERMITIMOS QUE VV. EXCIAS. REFERENDEM ESSE PROJETO" — DECLARAM AOS PARLAMENTARES OS FERROVIARIOS DA SOROCABANA ★ MANIFESTOS DOS ESTUDANTES E DO CENTRO DE DEFESA DO PETROLEO, EM SÃO PAULO ★ LUTAR AGORA, ANTES QUE SEJA TARDE

A LEI DE SEGURANÇA E A LIBERDADE DE PRESTES

WALDYR DUARTE

ISTO ACONTECEU

Fonte: *Voz Operária*. Rio de Janeiro: PCB, 1949-1959. Acervo da Hemeroteca Digital Brasileira. Disponível em: http://bndigital.bn.br/acervo-digital/voz-operaria/154512. Acesso em: 10 dez. 2020.

O dirigente nacional se aproximou de Schatzmann e, juntos, os dois exerciam um importante papel de agitação e propaganda do partido. Sobre essa relação, Schatzmann E (2014) lembra: *"Ah sim, ele [Ghercov] não saía lá de casa"*. "Eram poucos os que sabiam onde ele estava e esses nunca revelaram o segredo. Nem nas prisões de 75 isso foi aberto" (MARTINS, 2006, p. 92). *"É que Joinville não abriu muito, sabe? O pessoal lá de Criciúma é que abriu que não aguentaram a tortura"* (SCHATZMANN E, 2014).

Os comunistas de Joinville, ainda que sob tortura, evitaram dar informações que levassem colegas à prisão e, mesmo estando próximos a figuras como Ghercov, procuraram garantir a liberdade e a integridade desses militantes. A camaradagem entre eles ia além da militância política. Identificavam-se uns com os outros quase como se fizessem todos parte de uma mesma grande família:

> *O Teodoro, ele frequentava lá em casa. Na Zona Norte nós éramos o contato dele. Ele vinha, dormia lá em casa, nós saíamos para o trabalho e ele ficava lá, ele fazia comida. [...] Ele foi muito elogiado pelo Comitê Central porque ele fazia um trabalho em Santa Catarina extraordinário. O partido cresceu, influenciava no MDB (SCHATZMANN E, 2014). Era na casa do Arão e o Raul [Ghercov] estava lá. Meu deus... Tu sabe o que é tu conhecer a pessoa e dizer "É meu pai"? Eu senti aquilo e ali ele sempre me trazia um trocadinho [...] o Edgar estava preso lá em Curitiba, aliás, estava desaparecido porque ele ficou dois meses desaparecido, dois meses e pouco. E eu pegava esse dinheiro e levava para o Breda, para ajudar, né? Chegava lá... O Breda: "Não, Lúcia. Fica pra ti e não se preocupa", digo "Mas é o partido que está mandando" "Não, fica pra ti". Daí eu voltava, ia lá entregar, falar com o Raul e o Raul dizia "Compra o que tu precisa!" [...]. O Raul foi extraordinário* (SCHATZMANN LS, 2014).

Tânia Ghercov, filha de Teodoro Ghercov, foi estudar no Colégio Celso Ramos, na região central de Joinville, mesma instituição em que outros futuros militantes do partido já estudavam.

Entre eles estavam Marcos Cardoso Filho que, anos depois, seria responsável pela organização do PCB na UFSC[56], Júlio Adelaido Serpa, que ajudou a fundar o grêmio estudantil da escola, e João Jorge Machado de Souza, fundador do grêmio e quem recrutou os outros dois para a militância partidária.

Os comunistas usavam reuniões familiares e eventos sociais e religiosos, como batismos e casamentos, para se encontrarem, debaterem política e discutirem os rumos do partido que permanecia na ilegalidade. Um desses eventos era o futebol. O grupo marcava partidas de futebol de salão e, no início ou final dos jogos, se reunia para conversar. Quem via de fora achava que a discussão era sobre os gols e faltas da partida:

> *Na verdade, os eventos sociais encobriam, e a presença da família encobriam os encontros. Não aquele encontro fechado assim, numa sala escura, não, mas se encontravam para dialogar, para manter aquele diálogo frequente, as reflexões, as tomadas de decisões, né?! Então se organizavam piqueniques, festas de batismo, de casamento, de formatura... Todos esses eventos sociais, normais da sociedade, eles eram desenvolvidos em conjunto pelos diversos familiares* (MARTINS, 2011).
>
> *Fazia-se reunião no boteco, no campo de futebol, no sábado à tarde, jogava uma pelada, fazia um círculo e conversava "Ah, os caras estão conversando sobre futebol, tem uma bola lá, tem uma trave, é um campo de futebol", mas na realidade nós estávamos conversando outra coisa* (SCHATZMANN E, 2011).
>
> *Jogava também. Aqui ninguém entregou ninguém, se fosse pra entregar quem jogava no time, era tudo comunista, então ali, quando terminava o treino, o nosso joguinho, aí nós começávamos a falar* (ROCHA O, 2011).

[56] Marcos Cardoso Filho foi professor de Engenharia na UFSC e coordenou a organização do partido na universidade. Foi preso, também, em 1975, durante a operação, "processado e condenado com base na Lei de Segurança Nacional (LSN), Cardoso era responsável pela seção de agitação e propaganda do partido" (ANDRADE, 2010, p. 25).

> *Nós armávamos um jogo de futebol de salão na época e também fazíamos várias reuniões em cima disso* (SERPA, 2011).

Além disso, muitas reuniões eram realizadas, de forma clandestina, na casa de alguns militantes do partido:

> *Estas reuniões do partido eram feitas, muitas na minha casa, que era ali mesmo, no Itaum; muitas na casa do Irineu, porque o Irineu tinha casado e tinha se mudado lá pra uma casa numa lateral da rua XV [de novembro], não lembro o nome da rua. Então a gente fazia muitas reuniões lá e fazíamos, também, muitas reuniões na casa de um companheiro lá do Iririú* (SERPA, 2011).

Com a criação do bipartidarismo por meio do Ato Institucional n.º 2 (AI-2)[57], de 27 de outubro de 1965, os comunistas se movimentaram para ajudar a criar um MDB combativo. Aproximaram-se de figuras importantes da política joinvilense, como Pedro Ivo Campos, que seria eleito prefeito do município em 1973 e, durante a redemocratização do país, governador de Santa Catarina, entre 1987 e o dia de sua morte, em 27 de fevereiro de 1990.

> Na primeira vez que foi a Joinville, Malina entrara em contato com Ceschin "e a partir de então começamos a reorganizar o PCB". Ao serem anunciadas a extinção dos antigos partidos e a criação do MDB e Arena, os comunistas começaram a se movimentar. "Já estava delineado, então nos agrupamos para formar um partido o mais progressista possível. E nos aliamos ao Pedro Ivo e o sogro dele, Rodrigo Lobo, que haviam sido do PTB, com quem tínhamos uma aproximação anterior ao golpe" (MARTINS, 2006, p. 174).

[57] O AI-2 foi baixado pelo marechal Humberto de Alencar Castelo Branco, em contraposição à vitória da oposição nas eleições do início daquele mês. A ação, entre outras coisas, tornou indireta a eleição para a presidência da República, prorrogou o mandato do presidente, extinguiu o pluripartidarismo, criando a Arena e o MDB, permitiu a exoneração de funcionários públicos, deu ao executivo o poder de cassar os mandatos de todos os políticos eleitos e suspender direitos políticos por dez anos.

O PCB foi de suma importância para a criação do MDB na cidade, foram os militantes comunistas que bateram de porta em porta convidando os moradores a se filiarem. A adesão dos militantes comunistas se tornou a principal luta de Ghercov em Santa Catarina, estimulando o trabalho de filiação à sigla recém-criada.

A intenção era que os comunistas se filiassem ao MDB informalmente, principalmente nas cidades de Florianópolis, Criciúma, Joinville e Itajaí e, sempre que fosse possível, ocupassem "postos nos subdiretórios de bairros e diretórios municipais, participando das eleições, influindo, estimulando o debate e a mobilização" (MARTINS, 2006, p. 123).

Outra questão que esteve em pauta na cidade foi a opção pela resistência violenta. Entre 1964 e 1965, os militantes se prepararam para a luta armada. Cerca de 15 comunistas (contrariando as resoluções nacionais e seguindo a linha de líderes como Carlos Marighella[58]), se reuniam em campos de treinamento de guerrilha na região da Baía da Babitonga:

> *[...] Nunca ninguém descobriu isso. É a primeira vez que estou comentando o assunto. Mas a verdade é que se faziam exercícios quase que constantemente [...] Além da Ilha do Mel, treinávamos na Caieira e no Morro do Amaral* (SERPA, 2006 *apud* MARTINS, 2006, p. 173).

Segundo Martins (2006, p. 176), "outra atividade [...] era o preparo físico, as noções de camuflagem, os segredos de uma emboscada bem-feita". Os exercícios militares, realizados pelos militantes

[58] As divergências dentro do PCB, a partir de 1964, eram tantas que foram capazes de criar um tronco político na esquerda brasileira. Como resultado, segundo Gregório (2012) e Reis Filho; Sá (1985), entre 1965 e 1968, bases políticas de todo o país romperam com o PCB, dando origem às várias dissidências: no Rio Grande do Sul, os dissidentes se integrariam à Organização Revolucionária Marxista – Política Operária (ORM-Polop), originando o Partido Operário Comunista (POC); a Dissidência do Rio de Janeiro (DI-RJ); Dissidência da Guanabara (DI-GB), que originaria o MR-8; Dissidência Universitária de São Paulo (Disp) mais tarde incorporada à ALN; e Corrente Revolucionária de Minas Gerais (Corrente). As maiores dissidências foram capitaneadas por Carlos Marighella, ALN e por Mário Alves, com o Partido Comunista Brasileiro Revolucionário (PCBR), e foram responsáveis pela saída de muitos militantes do PCB, entre 1964 e 1968, que apostavam na proposta de luta armada. O primeiro grupo dissidente em Santa Catarina surgiria, anos mais tarde, em 1974, com o nome de Liberdade e Luta (Libelu). Sobre essa organização ver mais em Andrade (2010).

joinvilenses do PC, não foram postos em prática dada a ausência de lideranças partidárias favoráveis à luta armada.

O assunto perdurou e dominou as discussões da Conferência Municipal do PCB de 1967, quando foi, definitivamente, adotada a via pacífica.

Na URSS, Edgar Schatzmann se preparava para entrar na ilegalidade e retornar à terra natal. Com dezenas de outros brasileiros, forjou documentos e embarcou em direção ao Brasil para fazer a "Revolução" (PORTO, 2010):

> *Eu levei assim, uns três meses pra chegar no Brasil. Eu fiquei na Suíça, em Berna, lá ficava um tempo, depois na Itália, mais outro tempo, fui na França... Os partidos comunistas italiano e francês eram muito forte, muito forte. O revolucionário que se considera revolucionário, ele tem que fazer a revolução... Vou ser revolucionário e ficar na caverna, tomando chimarrão [...]. O primeiro pensamento foi voltar, e os professores que faziam amizade conosco, o pessoal falava português... Os russos têm uma expressão assim [...] "'o cara é louco da cabeça', [...] sair daqui e cair em uma ditadura"* (SCHATZMANN E, 2011).

Em 1971, a militância comunista — capitaneada por Júlio Serpa, junto ao Sindicato dos Plásticos e Químicos de Joinville — promoveu um movimento inusitado na luta por reajuste salarial. Como as greves estavam proibidas, o grupo convenceu centenas de trabalhadores da Cia. Industrial de Plásticos (Cipla) a preencherem cartas de demissão e as entregou à direção da empresa. Entre 280 e 300 funcionários, dos cerca de 400 que trabalhavam na fábrica, aderiram à tática e os diretores não tiveram outra opção a não ser aumentar os salários em cerca de 30% a 40% (MARTINS, 2006).

Sem ter sido noticiada pela imprensa da época, essa deve ter sido a iniciativa mais audaciosa dos trabalhadores fabris joinvilenses. Na Tupy, por exemplo, que era a maior empresa da cidade e cujos trabalhadores estavam ligados ao sindicato dos metalúrgicos, não há registro de paralisações, greves ou movimentos parecidos com o que ocorreu na Cipla. Nessa empresa, o que havia era um trabalho de base realizado entre os funcionários por Waldemar João Domingos.

O fato de a empresa, com o maior contingente de trabalhadores da cidade, não ter histórico de luta por salários e melhores condições de trabalho pode, em parte, ser explicado pela atuação do presidente Hans Dieter Schmidt. Tendo assumido o cargo em 1958, após a morte do pai e fundador da firma, Albano Schmidt, o jovem Hans, então com 25 anos, viria a inovar com sua maneira de administrar, chamando a atenção dos outros empresários da cidade:

> *A Tupy era [...] uma empresa [...] que tratava seus empregados com respeito [...]. Quando a Tupy construiu a fábrica lá fora, ela já construiu um refeitório para os trabalhadores [...]. Isso causou um rebuliço tremendo nas demais empresas. [...] E o doutor Dieter foi aprimorando essa assistência social. Tanto que depois foi ampliado o restaurante, para que todos os empregados e funcionários e dirigentes também almoçassem lá. Sem divisão de parede pra designar: aqui é de diretor, aqui é de empregado. [...] Dieter, sempre que estava aqui, [...] ele ia nas mesas, conversar com o pessoal: "Estão gostando? A comida está boa? O que a gente pode melhorar?"* (SILVA, 2006).

Além disso, Dieter Schmidt se aproximou da elite paulistana que teve envolvimento direto no golpe contra João Goulart de forma bastante intensa. O empresário joinvilense fez o ensino médio no colégio Mackenzie e cursou direito na USP.

Com a implementação da Ditadura, Schmidt teria agido como uma importante liderança para o golpe na cidade. Esse processo, inclusive, teria tido início muito antes de abril de 1964:

> A presença do Governador da Guanabara, Carlos Lacerda, na inauguração da Fundição "C" em 9 de março de 1963 por ocasião do Jubileu de prata da empresa, parece bastante significativa neste sentido. Os discursos proferidos por Dieter Schmidt e Carlos Lacerda diante de cerca de quatro mil pessoas entre operários, empresários, autoridades políticas,

> eclesiásticas, bem como militares da marinha, do exército e da aeronáutica, dão bem o tom do clima social e político do pré-1964. O mote principal das falas, a despeito do evento de inauguração recai, sobretudo, no âmbito da arena política com ênfases no anticomunismo, anti-estatismo, anti-reformismo, na defesa da livre empresa e num combate aberto ao Governo Jango. [...] De acordo com o industrial joinvillense, caberia aos homens "responsáveis pela preservação do bem comum, um espírito de vigilância". Lacerda parecia representar para Schmidt esse espírito sentinela, na medida em que o apontava como "um dos homens que mais" se destacava no combate as forças de avanço da esquerda (FREIRE, 2014, p. 03).

A esposa do empresário, Maria Cláudia Schmidt, inclusive, teria sido a articuladora da UCFJ, fazendo a ponte entre as entidades em São Paulo e em Joinville, sendo uma das principais responsáveis pela realização da MFDL na cidade.

A Fundição Tupy possuía uma forte aliança com o governo ditatorial sendo citada, inclusive, no relatório da CNV:

> Em Santa Catarina, muitos dirigentes dos sindicatos que sofreram intervenção e sindicalistas cassados foram presos. No estado catarinense ocorreu um caso extraordinário de intervenção direta do Exército no interior da empresa, quando esse acampou em uma sala especial dentro da Fundição Tupy, em Joinville, mediante acordo com a empresa, e ficou usando suas instalações por 20 anos. Segundo depoimentos de presos políticos de Joinville, a direção da empresa possuía uma clara postura de apoio à repressão política na região. Quem era demitido por participação política ou reivindicação salarial tinha a carteira de trabalho assinada com caneta vermelha e nunca mais conseguia emprego na cidade, pois esse era o código utilizado entre as empresas (COMISSÃO NACIONAL DA VERDADE, 2014c, p. 74).

A Comissão Estadual da Verdade Paulo Stuart Wrigth (CEVPSW), de Santa Catarina, cataloga a Fundição Tupy, ainda, entre as "organizações que deram apoio às instituições de violação" aos direitos humanos no estado (CEVPSW, 2014, p. 07-08).

Ou seja, apesar de a Fundição Tupy possuir o maior contingente de operários da cidade, um conjunto de ações perpetradas pela direção da empresa, tanto na dominação dos trabalhadores por meio da mitigação de conflitos e de uma aparente equiparação de status, quanto pela aproximação dos diretores aos militares e pela disponibilização de espaços da indústria para a repressão e a violação de direitos, não só dificultavam, como impediam as ações diretas do operariado, como greves ou manifestações por melhores condições de trabalho.

4

OPERAÇÕES DE CAÇA AOS COMUNISTAS

Talvez muitos abriram suas asas sem serem capazes de voar, como hipotéticas gaivotas. E agora? Mesmo agora parecem que são dois: de um lado, o homem inserido, que dócil atravessa a miséria de sua sobrevivência cotidiana; e, de outro, a gaivota, sem sequer a intenção de voar mais, porque agora o sonho encolheu[59].

Giorgio Gaber

Com a implementação do AI-5, em 13 de dezembro de 1968, a repressão cresceu e aumentou o cerco dos agentes do Estado aos opositores do regime. Primeiro, veio o ataque frontal aos grupos armados e, quando esses já estavam praticamente derrotados, os militares viraram a mira em direção aos militantes do PC que estavam organizados junto aos movimentos populares e ao MDB.

Os comunistas que se mantiveram firmes aos ideais do partido rechaçaram a opção pela luta armada e, seguindo as diretrizes ditadas pelo comando central, mantiveram os esforços para o retorno à democracia por meio da via pacífica. Agindo dentro do MDB e de instituições políticas, como os sindicatos e o movimento estudantil, a maioria dessas pessoas levava uma vida relativamente normal, muitos deles, inclusive, eram figuras reconhecidas, como o jornalista Vladimir Herzog. Evidentemente, a relação entre os militantes e o PC acontecia de forma clandestina, já que o partido era considerado ilegal. Mas isso não impedia o envolvimento político de seus quadros.

Estando bem organizado, com militantes espalhados por todo o país e com certa importância política dentro do MDB, o que ficou evidenciado após os resultados das eleições de 1974, o PC represen-

[59] Trecho retirado do poema "*Qualcuno era comunista*" e traduzido por mim.

tava uma ameaça significativa aos militares e aos apoiadores civis do regime e, por isso, deveria ser combatido e destruído antes do processo de abertura política e redemocratização.

O governo desencadeou dois tipos de operações militares: 1º, a Operação Radar, que seria responsável pela destruição do comando central do PCB; 2º, operações de menor escala, nos estados da federação em que o partido estivesse mais bem organizado — entre elas, estava a OBV, de Santa Catarina.

4.1 A OPERAÇÃO RADAR

No entanto, existem pessoas que acreditam na mudança, que fazem a mudança, que fazem a mudança triunfar, que florescem a mudança... Caramba!... A primavera é inexorável![60]
Pablo Neruda

Ainda que o PCB não tenha optado pela luta armada, mas sim pelo enfrentamento por meio da via política, mesmo que na ilegalidade, o partido foi fortemente reprimido pelos agentes do Estado brasileiro.

A partir de 1973, com a criação da Operação Radar, desencadeada sob o comando do Centro de Informações do Exército (CIE), os militares passaram a articular os DOI-Codi de todo o país para combater a militância comunista. Para José (2014a, p. 105), o ataque frontal ao PC teve início em 1973, ainda durante o governo do general Médici. De acordo com o autor, naquele momento, a ditadura articulava a sua última etapa e estava na fase final de destruição das organizações de luta armada, fazendo os rescaldos da "Guerrilha do Araguaia dirigida pelo PCdoB, sobre a qual, o quanto pudesse, não pretendia deixar sobreviventes".

Depois do AI-5, as forças armadas receberam poder ilimitado para combater a resistência à ditadura. Sete meses depois, em julho de 1969, foi colocada em prática a Diretriz para a Política de Segurança

[60] Trecho de "Los comunistas", de Pablo Neruda, traduzido por mim.

Interna[61], que deu origem à Operação Bandeirante (Oban), em São Paulo[62]. A partir daí foi uma crescente repressiva, com várias operações estaduais espalhadas pelo país:

> [...] Em 1973, com as principais organizações que defendiam a luta armada já bastante desarticuladas, a ditadura, o DOI-Codi de São Paulo à frente, começa a Operação Radar, destinada a destruir o PCB e que ganha fôlego sob o governo do general Ernesto Geisel (JOSÉ, 2014b).

A Radar durou até 1976 e se concentrou, principalmente, no eixo Rio-São Paulo, objetivando destruir o comando central do partido. Foram mais de 600 presos e, pelo menos, 12 dirigentes assassinados:

> Foi com a operação Radar iniciada em 1973 que parte do Comité Central do PCB foi presa. É o caso de Hiram de Lima Pereira, interrogado em Itapevi, e de Luiz Inácio Maranhão Filho, preso em São Paulo em 1974. Levado para Itapevi, 45 46 97 Maranhão Filho morreu com a injeção para matar cavalo. João Massena Melo é outro. Também está no rio[63] e morreu com a injeção para matar cavalo. Orlando Bonfin Júnior, da cúpula do PCB, está no rio de Avaré. Outro que está no rio é Elson Costa, assassinado em 1975. Ele era o encarregado da seção de agitação e propaganda do partido. Na casa de Itapevi, foi interrogado durante vinte dias e submetido a todo tipo de tortura e barbaridade. Seu corpo foi queimado. Banharam-no com álcool e tocaram fogo depois. Elson ainda recebeu injeção para matar cavalo. O corpo de Ijair José Veloso também foi jogado na ponte [...] Jaime Amorim de Miranda, também foi preso e morto na Operação

[61] Nesse documento, a presidência da república definia o que deveria ser feito para neutralizar e/ou eliminar os movimentos considerados subversivos. O documento estabeleceu, ainda, que caberia aos comandantes militares do exército o planejamento e a execução das medidas de contenção da subversão e do terrorismo (Ver mais em COMISSÃO NACIONAL DA VERDADE, 2014c).

[62] A Oban funcionou como uma operação embrionária que deu origem ao DOI.

[63] Rio Novo, a 260 quilômetros de São Paulo, nas imediações da cidade de Avaré.

> Radar. O último corpo que sei ter sido jogado da ponte é o de José Montenegro de Lima (CANTO, 1992, p. 24-25).

Enquanto isso, os DOI-Codi estaduais eram responsáveis por operações menores de caça aos comunistas, como a Operação Marumbi, no Paraná, e a OBV, em Santa Catarina. Todas com o intuito de atacar as bases políticas do PCB e eliminar a organização e a capacidade de mobilização do partido.

Segundo Relatório Preliminar da Comissão Nacional da Verdade (2014a, p. 2-3), a estrutura militar do aparato repressivo impulsionou, a partir de 1969, a criação e o funcionamento regular de centros clandestinos de prisão e tortura como resultado de política definida pelas FFAA. Esses locais tinham vínculo direto com os órgãos de inteligência e repressão do Exército (CIE), da Marinha (Centro de Informações da Marinha – Cenimar) e das instituições mistas de natureza militar e policial, os Centros de Operação e Defesa Interna (Codi) e os Destacamentos de Operação Interna (DOI). Todas essas organizações eram vinculadas aos gabinetes dos Ministros do Exército, da Marinha e da Aeronáutica. Ou seja, os centros clandestinos de tortura não eram estruturas autônomas ou ação de milícias e/ou grupos paramilitares, mas sim parte integrante da inteligência e repressão do regime militar e obedeciam diretamente ao comando das FFAA.

De acordo com a comissão, os centros clandestinos, utilizados para a violação de direitos, tornaram-se parte do aparato de inteligência e repressão da ditadura como consequência da necessidade do próprio Estado em violar a legalidade criada pelo governo de exceção estabelecido em 1964. A estrutura militar desenvolvida para controlar o país entendia que o processo legal não era suficientemente adequado ou satisfatório para reprimir os opositores políticos (COMISSÃO NACIONAL DA VERDADE, 2014a, p. 4).

Em 15/03/1974, foi empossado, como novo presidente da República, o general Ernesto Geisel, que propunha um processo de distensão política[64] lenta, gradual e segura, em direção ao fim do regime militar e ao retorno da democracia.

> [...] No dia seguinte os militantes comunistas David Capistrano da Costa e José Roman foram presos no percurso entre Uruguaiana, [...] na fronteira com a Argentina, e a capital paulista. Seus nomes integram a lista de desaparecidos políticos anexa à Lei n.º 9.140/95 (SECRETARIA DE DIREITOS HUMANOS, 2014).

A prisão dos dois militantes começou a tornar pública a ofensiva contra o PCB, que continuaria até janeiro de 1976, levando centenas de integrantes do partido à cadeia:

> Na Operação Radar combinaram-se, sem que tenha havido acerto entre as partes, a estratégia de Geisel, da distensão lenta e gradual que incluía continuar a matar, com a sanha antidistensionista do aparato repressivo mais à direita, fora do controle do próprio Geisel, identificado com a chamada linha dura. Tanto a repressão sob o comando direto de Geisel quanto aquela vinculada à linha dura matam militantes e dirigentes do PCB (JOSÉ, 2014b, p. 106).

A "abertura" apregoada por Geisel não foi sinônimo de democratização, como "artigos jornalísticos publicados no dia 04 de novembro de 1975" retratando o governo Geisel "como o baluarte da segurança, estabilidade e do esforço em estabelecer uma democracia plena no Brasil, responsável pela manutenção da desobstrução dos canais da normalidade institucional" (TORRES, 2009, p. 19), tentavam fazer crer, pelo contrário, a linha-dura do regime estava interessada na manutenção dos privilégios e do poder conseguidos em governos

[64] A "distensão" objetivava proporcionar a abertura política do país, liberalizando aos poucos o regime. Com esse processo, o presidente Ernesto Geisel comprometer-se-ia a descentralizar a administração do Estado. O projeto visava manter a coesão do Exército, obtendo o apoio da maioria para, assim, neutralizar a linha dura e restabelecer um caráter mais profissional das FFAA. Outra meta seria impedir qualquer movimento de subversão. O mais importante objetivo, porém, deveria ser o retorno à democracia. Para Maria Moreira Alves, no entanto, o Estado queria legitimar o próprio estado de exceção, dando continuidade ao regime civil-militar com algumas concessões feitas à oposição da Imprensa, Igreja e Ordem dos Advogados do Brasil (AIB, CNBB, OAB) (VIEIRA, 1995, p. 37).

anteriores e durante a ditadura. Foi então que começaram a surgir as operações no sul do Brasil:

> Em 1975, a 5a Região Militar do Exército, com sede em Curitiba, foi responsável por uma série de prisões numa "Operação denominada MARUMBI", com grande sucesso no Paraná. Uma outra, realizada no Rio Grande do Sul, no mesmo período, teria tido o mesmo sucesso da anterior, se não fosse a intervenção do governador Sinval Guazzelli. Em Santa Catarina ela instalou-se com o nome de Operação Barriga Verde, que colocou na prisão 38 militantes do PCB. O objetivo dessa, como de outros, era o de procurar "subversivos" ou inimigos do Estado militarizado (VIEIRA, 1995, p. 43).

Durante a Radar, o PCB foi atingido em cheio pela repressão. Dois motivos serviram de "bode expiatório" para o ataque da linha dura contra o partido: a vitória do MDB, nas eleições majoritárias de 1974, em 16 estados, a eleição de 16 dos 24 Senadores, e de 160 dos 364 Deputados Federais; e a descoberta das gráficas onde era impresso o jornal oficial do Partido, A voz Operária, em fevereiro de 1975:

> *Os caras que eram responsáveis pela gráfica foram barbaramente torturados, muitos morreram e muitos falaram [...] porque ninguém aguenta, a 100 não ser que esteja disposto a morrer, como muitos morreram. Um dos caras da gráfica que eu conheci, estive preso junto com ele na segunda prisão, era o Elson Costa[65]. [...] Ele foi morto. Ele foi barbaramente torturado, torturado até a morte* (SCHATZMANN E, 2014).

A Operação ganhou ritmo acelerado, sob o comando do major Carlos Alberto Brilhante Ustra, constantemente lembrado e homenageado pelo presidente Jair Bolsonaro, do DOI-Codi de São Paulo, que fez incursões de caça aos comunistas na Bahia, seguido pelo

[65] Elson, que já havia sido preso em 1966 e em 1970, foi novamente levado pelas forças de segurança na manhã do dia 15 de janeiro de 1975, no bar ao lado da casa onde vivia, sob protesto dos vizinhos que o conheciam como Manoel de Souza Gomes. Com ele a polícia encontrou dezenas de documentos sobre as ações do PCB no Brasil e sobre a distribuição do jornal *Voz Operária*. Os documentos estão disponíveis para a consulta e mais detalhes podem ser vistos em Fundação Dinarco Reis (2014).

delegado Sérgio Paranhos Fleury. Nessa operação, a ditadura foi responsável pelo assassinato de pelo menos 20 dirigentes do PCB. É bom que se recorde que

> [...] o maior número de mortes ocorreu sob o governo Geisel. Quando se fala em ditadura assassina, não se trata de qualquer tentação panfletária. Ela matava. Torturava. Fazia desaparecer pessoas. Assassina. Terrorista. Ditadura. Ninguém tem o direito de esquecer disso (JOSÉ, 2014b).

A ida à Bahia rendeu aos agentes do DOI-Codi a prisão de mais de 300 pessoas. Em menos de 24 horas, no dia 4 de julho de 1975, toda a cúpula do PCB no estado foi presa. Entre os detidos, ao menos 42 foram relacionados como dirigentes e colaboradores diretos do PCB. Muitos destes foram julgados em 16 de março de 1976 e condenados a penas que variavam de dois a cinco anos de reclusão; todos relataram ter passado por contínuas sessões de tortura na fazendinha[66], local para onde foram levados logo após serem presos:

> Ustra, no 10º dia, depois que todos haviam sido brutalmente espancados, torturados, submetidos a choques elétricos, sempre encapuzados ou usando vendas de borracha, ordenou que fossem retirados os capuzes e as vendas. Queria olho no olho. Que ninguém tivesse dúvida sobre quem comandava aquela operação terrorista. E fez um breve discurso, coisa de comandante de operação, criminoso confesso:
> — Estou indo embora. E queria dar um recado pessoal a todos vocês. Eu sei que não vão renunciar à

[66] Foram pelo menos 10 centros clandestinos de tortura reconhecidos pela CNV: Casa de Petrópolis, em Petrópolis, RJ; Fazenda 31 de Março, na Zona Sul de São Paulo; Casa de Itapevi, em Itapevi, SP; Casa no bairro Ipiranga, em São Paulo, SP; Casa do Renascença, em Belo Horizonte, MG; Casa em Olinda, sem localização definida; Casa em Goiânia, Goiânia, GO; Sítio de São João do Meriti, São João do Meriti, RJ; Casa em Recife, Recife, PE; Casa em Fortaleza, Fortaleza, CE; Sítio entre Belo Horizonte e Ribeirão das Neves, Estrada entre os municípios de Belo Horizonte a Ribeirão das Neves, MG; Sítio no Triângulo Mineiro, MG; Sítio em Sergipe, SE; Apartamento em Brasília, DF; Fazendinha, também conhecida como Central de Interrogatório, na cidade de Alagoinhas, BA, a 124 km de Salvador. De acordo com a Comissão, era, possivelmente, um prédio em construção que seria um Quartel do Exército. Atualmente, o local abriga a 2ª Companhia do VI Depósito de Suprimentos do Exército (COMISSÃO NACIONAL DA VERDADE, 2014b).

> ideologia comunista. Sei disso. Mas eu quero fazer uma advertência: toda vez que vocês voltarem a se organizar, eu voltarei. E voltarei porque o presidente Geisel não aceita o comunismo e nem a corrupção (JOSÉ, 2014b).

A sensação de garantia da impunidade fazia com que torturadores como o major Brilhante Ustra e o delegado Sérgio Fleury, do Dops de São Paulo, não tivessem medo de mostrar a cara para aqueles a quem estavam torturando. Principalmente, depois do AI-5, o Estado brasileiro garantia a plena liberdade para o exercício das práticas repressivas por parte de seus agentes e possibilitava o aprimoramento dessas práticas, introduzindo novos procedimentos na estrutura do aparato repressivo, utilizando o uso de força direta e sem limites judiciais contra opositores, de modo sistemático e regular.

Segundo a CNV (2014a, p. 5), a prática da tortura em interrogatórios nos quartéis militares brasileiros era um procedimento inédito até 1964, não havia sido utilizado em nenhum outro momento da história do país e foram sendo aprimoradas, inclusive com a "criação de centros clandestinos de violação de direitos como órgãos da estrutura do aparato de inteligência e repressão do regime militar", onde as FFAA podiam provocar incerteza e/ou expectativa na oposição sobre a localização de militantes sob custódia do Estado e "garantir a inimputabilidade dos militares envolvidos na repressão política".

Ainda de acordo com a Comissão, a prática de tortura realizada pela ditadura militar brasileira e que seguia os mesmos padrões estadunidenses de contrainsurgência, teve "raiz na trama da escravidão, no núcleo recalcado de violência que é comum a toda a sociedade, se dispersa e vai sendo reposta em diferentes modalidades de manifestação ao longo da história do país". Essa relação entre o que acontecia nos porões da ditadura e o que se fazia no período escravocrata brasileiro pode ser identificada em determinadas modalidades de tortura, a mais evidente delas era o "pau-de-arara".

A partir do segundo semestre de 1969, com o AI-5 em vigor e a tortura cada vez mais institucionalizada, as FFAA passaram a adotar os desaparecimentos forçados como estratégia repressiva para encobrir as sevícias e os homicídios de prisioneiros políticos.

A militarização do Estado desenvolveu uma estrutura repressiva criada para garantir a manutenção do poder. Formava uma rede de órgãos com ramificações verticais e horizontais, onde as operações militares de caça aos opositores tinham um papel destacado. Com essa estrutura, a Radar conseguiu capturar 14 membros efetivos e 16 suplentes da direção nacional do PCB, partindo, em seguida, para a direção estadual paulista; foram presas e encaminhadas ao DOI-Codi, 128 pessoas. Daí foi um verdadeiro castelo de cartas, com a desarticulação do PCB no Rio de Janeiro, no Paraná, em Santa Catarina, na Bahia, em Goiás, no Rio Grande do Sul e em Pernambuco, além do Distrito Federal.

4.2 A OBV NA MEMÓRIA DOS COMUNISTAS PRESOS EM JOINVILLE

Alguém era comunista porque via a Rússia como uma promessa, a China como um poema, o comunismo como o paraíso terrestre[67]
Giorgio Gaber

Se a memória pode ser traduzida como as reminiscências do passado, como apontou Leal (2012), e se na memória coletiva o passado é reconstruído, vivificado e ressignificado, como afirmaram Schmidt e Mahfoud (1993), é por meio dessas memórias, individual e coletiva, que pretendi compreender a ação dos militantes comunistas de Joinville na luta contra a ditadura e quais foram as consequências pessoais e sociais dessa luta. Para isso, foram utilizadas mais de 30 entrevistas realizadas por mim ou por outros pesquisadores e que estão disponíveis em arquivos públicos e/ou particulares, com os presos pela OBV, seus familiares e com militares responsáveis pelas detenções. Além disso, utilizei, também, documentos produzidos pelos próprios militantes atingidos

[67] Trecho retirado do poema "*Qualcuno era comunista*" e traduzido por mim.

pela repressão ou pelo Estado acerca das prisões. Na exposição e análise das entrevistas, procurei seguir uma ordem temática dividida entre: o ato das prisões; o encarceramento e as torturas; o trabalho dos defensores e da justiça militar; o envolvimento dos familiares; e as consequências na vida dos atingidos nessa que foi a maior operação realizada pelas FFAA no estado:

> A Operação Barriga Verde, realizada pelo Exército (DOI-Codi) em Santa Catarina, teve início no dia 4 de novembro de 1975, terminando com a prisão de 42 pessoas acusadas de pertencer ao PCB. Ela 103 ocorreu num quadro nacional de repressão aos membros desse partido clandestino, entre 1974-1975, quando cerca de 14 integrantes do Comitê Central foram presos, mortos e estão desaparecidos até hoje. Em diferentes estados ocorreram operações semelhantes, como a Jacarta (São Paulo) e a Marumbi (Paraná), todas voltadas contra os integrantes do PCB (MARTINS, 2006 *apud* GARCIA, 2001, p. 21-22).

A OBV foi a principal intervenção militar no Estado durante o período. Nela, vários catarinenses, considerados um sério perigo à estabilidade do governo (MARTINS, 2006), foram sequestrados, interrogados e torturados:

> *Vai lá e pega fulano. Então a gente pegava [um] soldado que conhecesse a região [Joinville], pegava e levava para os delegados João Pessoa Machado e Saul Três. Não havia Polícia Federal. A delegacia fica onde é o Sindicato dos Bancários. Com ordem de prisão levava. Não ficava preso no batalhão. Comunicava a Florianópolis* (FRANCISCO, 2005 *apud* GUEDES *et al.*, 2008).

A operação durou quase dois anos e teve 42 presos. "Como o comunista aparece como um ser ardiloso, os acusados foram condenados por sua infiltração em diversos meios da sociedade, com o intuito de difundir seus ideais subversivos" (TORRES, 2009, p. 182). Os prisioneiros eram sequestrados pelas forças de segurança, levados para Curitiba e depois trazidos de volta à Colônia Penal Urbano Salles, na cidade de Florianópolis.

Segundo o Coronel Reformado da Polícia Militar (PM) de Santa Catarina, Sigfrido Maus:

> *Na década de [19]60, início de [19]70, aí a polícia militar participava, também, de buscas de informação, de levantamento de pessoas, de comportamento de pessoas e, via de regra, a polícia militar cumpria, também, missão de fazer a detenção, ou a prisão, mesmo, de algum elemento indicado pelas autoridades judiciais ou militares. Ela recebeu essas missões. Eu, particularmente, recebi algumas missões, né?! De verificar, de fazer levantamento. A gente fazia tudo dentro daquilo que era determinado. Embora não tenha sido divulgado pela imprensa, mas nas conversas que nós tínhamos [...] dentro dos quartéis, essa operação, ela fez parte de uma grande operação no Brasil e em cada estado ela recebeu um nome diferente, mas foi feito [...] uma em sequência da outra. Se nós pesquisarmos um pouco o noticiário do Brasil todo da época, com certeza nós vamos ver que houve pessoas detidas em outros lugares sob [...] a mesma acusação: de que estaria envolvido em movimentos para desestabilizar o governo (2009).*

Pouco tempo antes das prisões terem início, os comunistas catarinenses já pressentiam que algo grande estava para acontecer por parte da repressão. O estouro dos aparelhos onde se localizavam as gráficas do partido, no Rio de Janeiro e São Paulo, além da prisão e morte do jornalista Vladimir Herzog, no DOI--Codi paulista, pareciam preparar o terreno para o arrastão que os militares fariam em Santa Catarina. Algumas semanas antes, por exemplo, ocorreu a detenção de Júlio Serpa para averiguação, o que demonstrava que os agentes da repressão estavam a par do que ocorria entre os comunistas do estado.

Embora estivesse evidente que as detenções ocorreriam, principalmente depois de Herzog, em São Paulo e das prisões que ocorreram no Paraná, no âmbito da Operação Marumbi[68], em setembro de 1975, a interpretação corrente entre os comunistas catarinenses era a de que a repressão levaria uns poucos para o cárcere, mas que não haveria torturas, pois a maioria dos militantes estava atuando fortemente na legalidade, principalmente, por meio do MDB:

> Importava apostar no aprofundamento da distensão proposta, primeiro passo para a reconquista da democracia. Os comunistas catarinenses estavam embalados pelo recado das urnas nas eleições do ano anterior, quando o MDB bateu a Arena pela primeira vez. No pleito de 1974, apoiaram diretamente as candidaturas de parlamentares eleitos por essa legenda — Delfim de Pádua Peixoto Filho e Murilo Canto (Assembleia Legislativa) e Walmor de Luca (Câmara Federal), e indiretamente outras. Em Criciúma e Joinville também existiam compromissos em jogo no meio sindical e com parlamentares da oposição. Não havia como largar tudo e se esconder ou fugir. E se não acontecesse nada? Como explicaremos? (MARTINS, 2006, s/p).

Além disso, a eleição majoritária para o Senado Federal fora vencida pelo emedebista e ex-prefeito de Blumenau, Evilásio Vieira, com 535.850, contra os 473.473 conseguidos pelo ex-governador do estado, Ivo Silveira. Foram eleitos, ainda, nove deputados federais pela Arena e sete pelo MDB. E, na Assembleia Legislativa, 20 deputados pelo partido governista e 18 pela oposição.

Apesar da confiança e do otimismo dos militantes comunistas com a vitória no pleito e pelo fato de muitos desses estarem atuando na legalidade, o PCB se tornara, para o governo, o seu último alvo.

> [...] Já se havia derrotado as guerrilhas, e assim não existiam inimigos perigosos a ponto [...] de justificar atos de repressão. Mas, [...] o cenário

[68] Iniciada em 12 de setembro de 1975, durando aproximadamente um mês, a Operação Marumbi foi planejada e executada pelo Dops e DOI-Codi paranaenses, que prenderam mais de 100 pessoas acusadas de praticarem atividades comunistas no estado. Destas, 65 foram indiciadas no IPM 745.

> político complicado, levou a um ataque frontal contra militantes do partido que estavam abrigados no MDB" (TORRES, 2009, p. 57),

e o que se viu foi a retomada da violência e da tortura em Santa Catarina. Os militantes que eram levados ao 63º BI, no bairro do Estreito, em Florianópolis, começaram a ser torturados ali mesmo com queimaduras, choques elétricos e a utilização do pau-de-arara. Sobre as torturas psicológicas, os presos eram obrigados a escutar gritos de crianças e lamentos de outras pessoas sendo torturadas. "Durante a noite eram os encarcerados chamados mais de vinte ou trinta vezes, para prestar depoimento, impedindo-os de dormir" (TORRES, 2009, p. 18-19).

Os comunistas foram presos em todas as regiões de Santa Catarina e, também, em Porto Alegre, RS, Guarapuava, PR, e São Paulo capital, e processados por meio do Representante do Ministério Público Militar que:

> Ao receber das mãos do Juiz Auditor Militar o inquérito n.º 49/75[69] concluído e vislumbrando a prática do crime do Artigo 43[70] da Lei de Segurança Nacional[71], ingressou com Ação Penal Militar, na função de representante da lei e fiscal de sua execução conforme o Artigo 34[72] do Código de Processo Penal Militar. Código este que foi

[69] Inquérito policial instaurado pela Superintendência Regional da Polícia Federal em Santa Catarina, com o objetivo de apurar a responsabilidade de pessoas envolvidas com o PCB no estado.

[70] "Reorganizar ou tentar reorganizar de fato ou de direito, ainda que sob falso nome ou forma simulada, partido político ou associação, dissolvidos por força de disposição legal ou de decisão judicial, ou que exerça atividades prejudiciais ou perigosas à segurança nacional, ou fazê-lo funcionar, nas mesmas condições, quando legalmente suspenso; pena: reclusão, de 2 a 5 anos", disponível em Brasil (1969a).

[71] Percebe-se que o Procurador de Justiça tenta cumprir requisitos legais quando afirma que são perigosos os acusados. A LSN definia como perigosos os que agiam, com "ameaças ou pressões antagônicas, de qualquer origem, forma ou natureza, que se manifestem ou produzam efeito no país." Não era difícil, a partir das representações e discursos à disposição do Procurador, utilizar os mecanismos legais existentes para enquadrar o comunismo e seus adeptos como o antagonismo principal à sociedade brasileira, cristã, capitalista e ocidental (TORRES, 2009, p. 129).

[72] "O direito de ação é exercido pelo Ministério Público, como representante da lei e fiscal da sua execução, e o de defesa pelo acusado, cabendo ao juiz exercer o poder de jurisdição, em nome do Estado", disponível em Brasil (1969b).

> elaborado para descrever o procedimento a ser tomado por todos os participantes do processo (TORRES, 2009, p. 69).

Os juízes que atuaram durante o processo, faziam parte da 5ª Circunscrição da Justiça Militar, localizada em Curitiba, PR, e que

> [...] abrangia os territórios dos Estados do Paraná e de Santa Catarina, era composta pelo Conselho Permanente de Justiça[73], instância competente para o processo e julgamento dos crimes praticados por civis contra a segurança nacional (TORRES, 2009, p. 150).

O Conselho Permanente da Justiça Militar acolheu todos os pedidos de prisão preventiva elaborados pelo Encarregado do Inquérito e pelo Ministério Público. Em 19 de fevereiro de 1976, inclusive, o conselho mandou prender preventivamente um dos acusados que já havia sido solto pelo encarregado, o que era permitido em lei conforme o Código de Processo Penal Militar[74]. Isso, no entanto, evidencia que os Juízes que atuavam no processo se mostravam mais rigorosos do que aqueles que deveriam ser os acusadores.

> A decisão dos Juízes foi [...] juntada aos autos e demonstrou toda a intimidade que possuíam com os conceitos legais de Segurança Nacional. Foi citado o artigo 1º do Dec-Lei 898/69, o qual evocava a responsabilidade de todos os cidadãos pela Segurança Nacional (TORRES, 2009, p. 151).

---

[73] O conselho era formado por um civil, que era o juiz auditor militar, e quatro oficiais militares; um oficial superior, que era o presidente do conselho, e três oficiais até o posto de capitão ou capitão-tenente.

[74] Art 254 – A prisão preventiva pode ser decretada pelo auditor ou pelo Conselho de Justiça, de ofício, a requerimento do Ministério Público ou mediante representação da autoridade encarregada do inquérito policial militar, em qualquer fase deste ou do processo, concorrendo os requisitos seguintes: a) prova do fato delituoso; b) indícios suficientes de autoria. No Superior Tribunal Militar. Parágrafo único. Durante a instrução de processo originário do Superior Tribunal Militar, a decretação compete ao relator.

Dentre os militantes capturados e presos durante a operação, oito residiam na cidade de Joinville e estavam direta ou indiretamente ligados ao PC. Eram eles:

- Waldemar João Domingos, Metalúrgico, ligado ao sindicato da categoria e ao PCB em Joinville, tinha 37 anos quando foi preso. Era o responsável pelo trabalho de base dentro da Fundição Tupy;
- Edgar Schatzmann, provavelmente, o comunista joinvilense preso pela OBV mais conhecido. Nascido em 1940, no distrito de Pirabeiraba, foi militante do Partidão de 1955 a 1992, operário e bancário. Aos 22 anos, foi convidado pelo partido para estudar na URSS e viajou para a Rússia acompanhado de outros 34 militantes comunistas e deu início aos estudos no Cazaquistão. Com o golpe civil-militar no Brasil, retornou ao país em 1965, já na clandestinidade. Em 1967, foi preso pela primeira vez, passando por tortura psicológica. Em 1968, teve a prisão preventiva decretada, voltando ao cárcere em 1971, permanecendo por dois anos, fugiu e mudou-se para o Rio Grande do Sul e depois para o interior de Santa Catarina. Lá viveu ilegalmente com o nome de Hercílio, voltando à Joinville em janeiro de 1971, após casar-se, de forma clandestina, em Itajaí, em 06/01/1970. Em 1975, com 35 anos, voltou a ser preso, agora pela OBV, e foi condenado pelo Tribunal Militar em Curitiba a dois anos de prisão;
- Antônio Justino, era eletricista e foi preso durante a OBV, em 1975, aos 32 anos;
- Irineu Ceschin, advogado, preso pela OBV aos 32 anos. Trabalhava na Câmara de Vereadores de Joinville e teve os primeiros contatos com o PCB junto ao amigo Edgar Schatzmann. Era o coordenador dos treinamentos para ações armadas;
- João Jorge Machado de Souza, preso aos 28 anos, era advogado e funcionário da Câmara de Vereadores de Joinville

(CVJ). Nos anos 1950 ajudou a fundar o grêmio estudantil do recém-criado Colégio Celso Ramos. Serviu o exército no Rio de Janeiro, onde teve os primeiros contatos com o PCB. Foi o braço direito de Teodoro Ghercov em Joinville e foi preso na Operação pouco antes da sessão plenária "num flagrante desrespeito ao legislativo", como foi dito por Aderbal Tavares Lopes, presidente da CVJ, naquele 9 de dezembro de 1975 (MARTINS, 2006, p. 187);

- Rosimarie Cardoso Bittencourt, também presa aos 28 anos, era irmã de Marcos Cardoso Filho, presidente da juventude do MDB e professor do Colégio de Aplicação e da UFSC, e uma das principais lideranças do PCB no estado. Rosimarie era assistente social e servidora pública do município de Joinville, já havia sido presa no XXX Congresso da União Nacional dos Estudantes (UNE), em Ibiúna, em 1968;
- Osni Rocha tinha 27 anos quando foi pego pela repressão. Nascido em 1948, Didi, como era conhecido, ingressou no PCB ainda na adolescência, em 1962, a convite de João Jorge Machado de Souza e Irineu Ceschin. *"Eles contaram pra mim que [comunista] não era bicho que comia criancinha, não. Que íamos ajudar os operários"* (ROCHA O, 2011). Osni era conhecido entre os companheiros de militância pelo codinome "Niso". Torneiro ferramenteiro, foi preso na porta da empresa Cipla, onde trabalhava, apenas 10 dias após ter se casado;
- Júlio Adelaido Serpa, nascido em 1949, na cidade de Guaramirim, mudou-se ainda criança para Joinville. Aos 14 anos teve os primeiros contatos com política, no grêmio estudantil do colégio Celso Ramos, que ele ajudou a fundar com João Jorge Machado de Souza, que o recrutou para o partido.

Antônio Justino, Rosemarie Cardoso Bittencourt, Júlio Serpa e João Jorge de Souza foram libertados após a segunda audiência da 5ª Auditoria que ocorreu na então Escola Técnica Federal, em Florianópolis, no dia 23 de setembro de 1976, com outros 19 presos na operação. Após quatro horas, o Conselho composto por um juiz togado e quatro militares, deferiu o relaxamento da prisão.

Todos foram torturados psicológica e fisicamente após serem presos:

> *Recebi um endereço na rua Helmuth Falgatter e segui com um Jeep do 62º BI. Cheguei fardado e fui atendido pela dona da casa, a quem mostrei um bilhete lacrado. Ela mandou entrar e sentar. Duas crianças ficaram me olhando. Ela foi ao quarto arrumar a mala. Tinha uma tristeza no rosto, mas não chorava. Irineu Ceschin estava sendo preso* (FRANCISCO, 2005 *apud* GUEDES *et al.*, 2008, p. 150).

Em Florianópolis, enquanto o deputado estadual Murilo Canto comunicava no plenário da Assembleia Legislativa de Santa Catarina (Alesc) o sequestro e prisão de diversos militantes[75], esses eram levados vendados em carros da polícia por longas horas de voltas pela cidade, para que perdessem a noção de localização e pudessem ser interrogados e torturados ali mesmo, na "Ilha da Magia" (MARTINS, 2006), nos centros clandestinos vinculados à estrutura de inteligência e repressão da ditadura militar:

> Os centros clandestinos foram criados para execução de procedimentos considerados estratégicos pelas FFAA, a partir de uma nova apreciação das forças oposicionistas, realizada pelos órgãos de comando no interior da estrutura de repressão, e iniciada no ano 1970. Nesse contexto, são definidas as atribuições para funcionamento dos centros clandestinos. São elas: 5.1. Executar os

[75] *"Cumprimos mais uma vez o triste dever de comunicar a esta casa de que, além do advogado e do jovem estudante [...] terem sido sequestrados, recebemos a notícia agora que mais dois cidadãos da nossa comunidade foram presos ou sequestrados e mais um encontra-se desaparecido. [...] Recebemos a informação de que o estudante de economia Cirineu Martins Cardoso foi preso e acha-se em local ignorado; que o engenheiro Marcos Cardoso Filho, professor do Centro Tecnológico da Universidade Federal de Santa Catarina, também foi preso e levado para local ignorado. Informamos também que o professor Valci Lacerda, suplente de vereador do MDB da Capital, encontra-se desaparecido"* (CANTO, 1975 *apud* MARTINS, 2006, p. 23).

> procedimentos necessários para desaparecimento de corpos de opositores mortos sob a guarda do Estado. Tais procedimentos incluíam: 5.1.1. Eliminar condições de identificação dos corpos: retirada de digitais e arcadas dentárias; 5.1.2. Eliminar corpos por meio da queima (junto com pneus); do esquartejamento; do lançamento no mar ou em rios; 5.2. Executar procedimentos necessários à prisão e interrogatório de opositores políticos já condenados pela política de extermínio. Tais procedimentos incluíam: 5.2.1. Evitar o reconhecimento da prisão de opositor político pelos órgãos de repressão; 5.2.2. Impedir o ingresso do preso nos esquemas judiciais previstos pela legalidade de exceção; 5.2.3. Criar condições necessárias para suporte e execução da política de extermínio; 5.3. Criar condições para recrutamento e monitoramento de militantes cooptados e transformados em agentes infiltrados em organizações oposicionistas. Os procedimentos de monitoramento incluíam: 5.3.1. Assinatura de contratos e de recibos de pagamento de salários; 5.3.2. Produção de relatórios; 5.3.3. Fichário de agentes infiltrados com nome e codinome; 5.4. Criar condições necessárias para alojamento provisório de agentes envolvidos em operações clandestinas; 5.5. Garantir a inimputabilidade dos agentes envolvidos com o aparato repressivo (COMISSÃO NACIONAL DA VERDADE, 2014a, p. 5).

Em Joinville, o pronunciamento de Aderbal Tavares Lopes[76], do MDB, na CVJ, realizado no dia 5 de dezembro de 1975, com o apoio dos também vereadores Coelho Neto e Elmar Zimmermann, causou alvoroço ao denunciar a prisão arbitrária de Irineu Ceschin. Segundo Martins (2006, p. 186), só o que se podia ouvir

[76] Desde meados dos anos 1960, os discursos dos vereadores Ulisses Tavares Lopes, que foi cassado pelo AI-5, e, posteriormente, de seu irmão, Aderbal Tavares Lopes, eram requisitados pelo 62º BI, estacionado em Joinville, e, de lá, enviados para Florianópolis e Brasília para serem incluídos na ficha policial de ambos.

era o vereador Nagib Zattar sussurrando: *"Seu comunista, tu vai preso, seu vagabundo"*.

Os assuntos daquela sessão se dividiam entre homenagens a Plínio Salgado, o eterno integralista, que falecera no dia anterior, e as prisões da OBV.

Ainda que os presos tenham sido sequestrados e torturados, detidos à revelia da lei, mesmo que parlamentares do MDB e instituições como a OAB estivessem denunciando o que acontecia naquele momento, em Santa Catarina, políticos da época e representantes do poder militar continuaram e continuam negando os fatos ocorridos na Operação:

> *Em primeiro lugar eu quero dizer que existe uma grande deturpação em torno do que foi o regime militar. O Brasil não teve, em toda a sua história, um acontecimento melhor do que a tomada do poder pelos militares. Porque eles eram competentes, eles eram a única instituição organizada e não eram corruptos e, com isso, puderam desenvolver um governo que proporcionou ao país o grande progresso de que, hoje, o governo Lula auferiu. E os futuros governantes vão auferir. [...] Porque eu vivi os antecedentes da implantação do regime militar, quando agitadores e demagogos preparam o país para impor uma ditadura comunista [...]. Evidentemente que, naquele tempo, ninguém tinha simpatia por esses elementos que foram presos. Então, ninguém ficou com pena [...], a cidade ficou indiferente a esses acontecimentos e eu acho que a cidade estava certa* (BENDER[77], 2011).

[77] Nilson Wilson Bender foi diretor financeiro, de planejamento e de organização da empresa Fundição Tupy por 34 anos. Entrou para a UDN, em 1955 e foi prefeito de Joinville entre 1966 e 1970. Bender foi responsável pela vinda do então ditador, Costa e Silva, para as comemorações do 1º de maio na cidade. Além disso, ele era o preferido dos Estados Unidos para assumir o governo de Santa Catarina, como ficou claro em documento enviado pelo cônsul dos EUA no Brasil, em 1965, divulgado pela Casa Branca no início de 2014. O documento intitulado: "Santa Catarina nomeia jovem turco para governador" diz que Bender seria capaz de destronar "a máquina Bornhausen/ Konder Reis que dominou o estado [...] por mais de 20 anos". Considera, ainda, que o político joinvilense seria um "candidato de linha média-dura" e que teria uma "vitória esmagadora". Bender seria um "competente pró-Lacerda [governador do estado da Guanabara pela UDN entre 1960 e 1965] industrialista sem nenhuma experiência política. Seu apelo como uma cara nova vem junto

Bender reproduz a falácia propagada pelos militares de que havia em curso uma "revolução comunista" que pretendia implementar no Brasil uma:

> *Ditadura nos moldes como existia na Rússia, na China, na Alemanha Oriental e como existe, ainda hoje, em Cuba e na Coreia do Norte. Ditaduras que não respeitam os direitos civis, que não respeitam a liberdade das pessoas e que têm uma justiça que obedece a orientação dos interesses políticos de quem está comandando o país* (BENDER, 2011).

Por outro lado, de acordo com E Schatzmann (2014), o governador Antônio Carlos Konder Reis teria feito intervenções em favor dos militantes presos na OBV:

> *A gente via os xingamentos que os torturadores faziam quando nós estávamos lá no DOI-Codi, em Curitiba. [...] "Uma vaca, um viado, um filho da puta que não quer colaborar [...]". Tanto é que quando a gente chegou em Canasvieiras, lá em Floripa, assim a gente sentiu um clima melhor. Domingo vinha assim, umas sacolas de frango, aí vinha dois, três garrafões de vinho [...] o cara chegava lá e falava "Oh, eu falei com o Toninho*

com um recente aumento na popularidade da revolução em Santa Catarina" Essas condições o fariam derrotar facilmente qualquer candidato apoiado pelo PSD. Ainda segundo o documento, "Wilson Bender é um rico diretor da grande fundição em Joinville TUPY S/A. Ele é [...] algo de uma linha mais dura. Ele é controlado, se comparado ao presidente da TUPY, Hans Dieter Schmidt, um conservador fanático" [tradução do autor], (DEPARTMENT OF STATE, 1965b). Outro documento, também secreto e do consulado americano em Curitiba, relata, com certo temor, que a indicação de Bender fora anulada e que, em nova eleição no partido, a UDN poderia indicar o nome do Senador Antônio Carlos Konder Reis para concorrer ao governo estadual. Enquanto isso não ocorria, "Santa Catarina se prepara para eleições governamentais em outubro, a seleção normal de candidatos e formação de alianças foi suspensa enquanto se aguarda o resultado da luta para o controle da UDN". O documento dizia que, "embora Bender tenha sido indicado para governador pela UDN, em uma convenção em [ilegível] de março [ilegível] ele foi incapaz de consolidar sua vitória na subsequente eleição de oficiais do partido que foram denominados pelas forças Bornhausen/Konder Reis" A nominação de Bender foi, então, considerada inválida e o partido marcou "uma nova convenção de nominação em 29 de maio". O consulado afirma que, "com a natural exceção do grupo Bornhausen, observadores políticos de todos os partidos têm estabelecido Bender como favorito, mas por uma margem tão pequena como não fazer a confiabilidade de tais prognósticos duvidosa?", (DEPARTMENT OF STATE, 1965a). De fato, o grupo liderado por Borhausen conseguiu a indicação de Konder Reis, que acabou perdendo o pleito para o candidato do PDS, Ivo Silveira. Mas o principal efeito foi o fim das aspirações políticas de Nilson Bender no estado.

> *[...] e ele mandou isso aqui pra vocês, ele queria vir aqui avisar, mas não deixaram e ele era o governador".*

Ainda que figuras importantes do cenário político, como Bender (2011), continuem a afirmar que *"a grande maioria [...] não sofreram essas perseguições [...]. Invocam isso hoje para ganhar dinheiro. [...] São eles que dizem que foram torturados, mas não há prova [...] que tenha havido tortura"*, em documento apresentado nas Imagens 04 e 05 produzido pelos presos, em 26 de fevereiro de 1976, fica clara a forma ilegal como as prisões ocorreram:

> A maneira pela qual fomos conduzidos ao holocausto, deu-se através de sequestro. Um grupo de mercenários, interceptava o cidadão na rua, na residência ou no local de trabalho; colocavam um "óculos" desses usados para trabalhar com aparelhos de solda, cujos vidros são cobertos com fita isolante, tendo um elástico atado a haste, impedindo quase totalmente a visão. Assim não houve a identificação da suposta autoridade que efetuou a "prisão", com armas apontadas. Não sabíamos porque estávamos sendo "presos", por quem e para onde eramos levados. Mandado de prisão inexistiu. Os veículos eram: furgão, caminhonete marca chevrolet (veraneio), cuja porta traseira não possuía manivela para baixar o vidro, nem trinco para abri-las ([Ilegível] DAS DECLARAÇÕES DOS PRESOS POLÍTICOS DA "OPERAÇÃO BARRIGA VERDE", 1976, p. 01).

Imagem 04 – Do sequestro dos presos políticos, parte 01

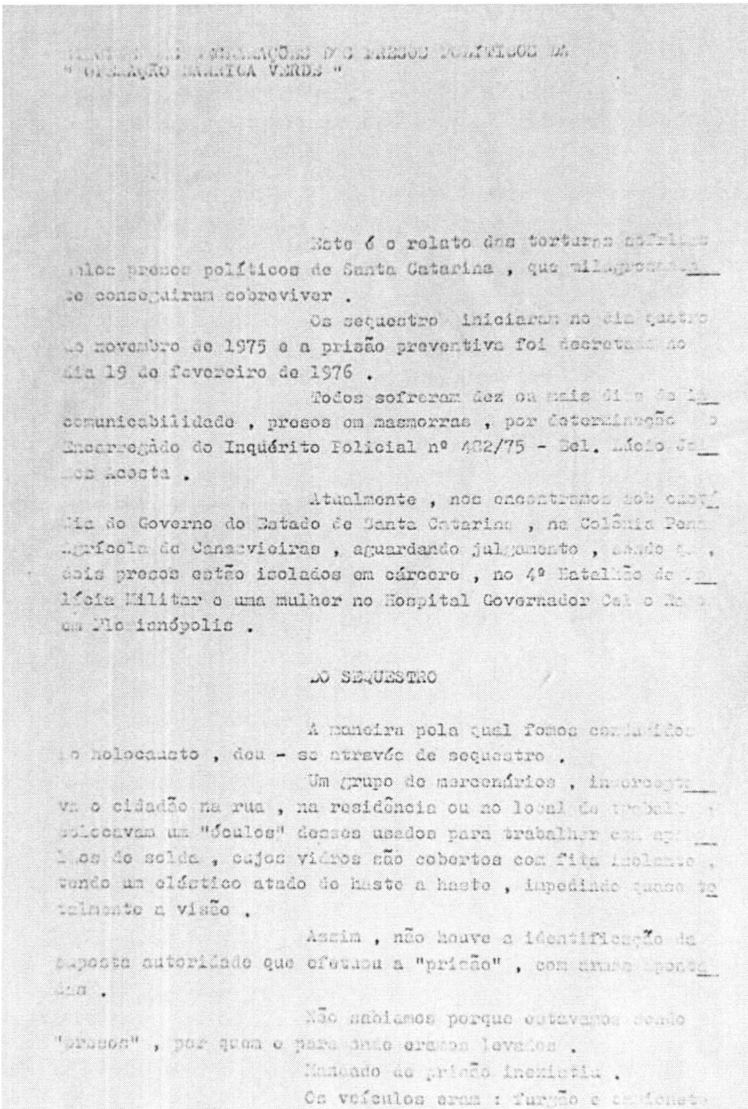

[illegible] DOS PRESOS POLÍTICOS DA
" OPERAÇÃO BARRIGA VERDE "

Este é o relato das torturas sofridas pelos presos políticos de Santa Catarina , que milagrosamente conseguiram sobreviver .

Os sequestro iniciaram no dia quatro de novembro de 1975 e a prisão preventiva foi decretada no dia 19 de fevereiro de 1976 .

Todos sofreram dez ou mais dias de incomunicabilidade , presos em masmorras , por determinação do Encarregado do Inquérito Policial nº 402/75 - Del. [illegible] Acosta .

Atualmente , nos encontramos sob custódia do Governo do Estado de Santa Catarina , na Colônia Penal Agrícola de Canasvieiras , aguardando julgamento , sendo [illegible] dois presos estão isolados em cárcere , no 4º Batalhão de Polícia Militar e uma mulher no Hospital Governador Celso Ramos em Florianópolis .

DO SEQUESTRO

A maneira pela qual fomos conduzidos ao holocausto , deu - se através de sequestro .

Um grupo de mercenários , interceptava o cidadão na rua , na residência ou no local de trabalho , colocavam um "óculos" desses usados para trabalhar com aparelhos de solda , cujos vidros são cobertos com fita isolante , tendo um elástico atado de haste a haste , impedindo quase totalmente a visão .

Assim , não houve a identificação da suposta autoridade que efetuou a "prisão" , com armas apontadas .

Não sabíamos porque estávamos sendo "presos" , por quem e para onde éramos levados .

Mandado de prisão inexistia .

Os veículos eram : furgão e camioneta

Fonte: Souza, Motta, Ceskin *et al.* (1976, p. 01-02). Acervo pessoal de Antônio Acir Breda

Imagem 05 – Do sequestro dos presos políticos, parte 02

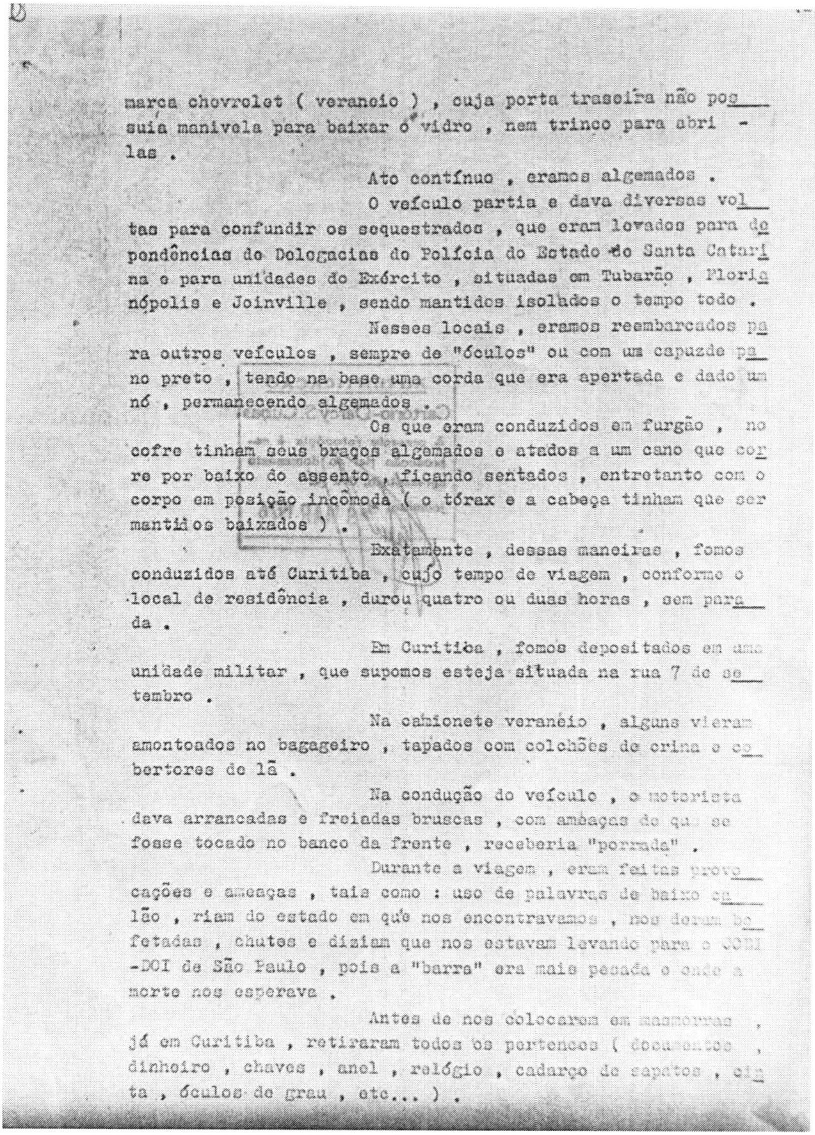

marca chevrolet (veraneio) , cuja porta traseira não possuía manivela para baixar o vidro , nem trinco para abri - las .

Ato contínuo , eramos algemados .

O veículo partia e dava diversas voltas para confundir os sequestrados , que eram levados para dependências de Delegacias de Polícia do Estado de Santa Catarina e para unidades do Exército , situadas em Tubarão , Florianópolis e Joinville , sendo mantidos isolados o tempo todo .

Nesses locais , eramos reembarcados para outros veículos , sempre de "óculos" ou com um capuz de pano preto , tendo na base uma corda que era apertada e dado um nó , permanecendo algemados .

Os que eram conduzidos em furgão , no cofre tinham seus braços algemados e atados a um cano que corre por baixo do assento , ficando sentados , entretanto com o corpo em posição incômoda (o tórax e a cabeça tinham que ser mantidos baixados) .

Exatamente , dessas maneiras , fomos conduzidos até Curitiba , cujo tempo de viagem , conforme o local de residência , durou quatro ou duas horas , sem parada .

Em Curitiba , fomos depositados em uma unidade militar , que supomos esteja situada na rua 7 de setembro .

Na cabionete veraneio , alguns vieram amontoados no bagageiro , tapados com colchões de crina e cobertores de lã .

Na condução do veículo , o motorista dava arrancadas e freiadas bruscas , com ameaças de que se fosse tocado no banco da frente , receberia "porrada" .

Durante a viagem , eram feitas provocações e ameaças , tais como : uso de palavras de baixo calão , riam do estado em que nos encontravamos , nos deram bofetadas , chutes e diziam que nos estavam levando para o CODI -DOI de São Paulo , pois a "barra" era mais pesada e onde a morte nos esperava .

Antes de nos colocarem em masmorras , já em Curitiba , retiraram todos os pertences (documentos , dinheiro , chaves , anel , relógio , cadarço de sapatos , cinta , óculos de grau , etc...) .

Fonte: Souza, Motta, Ceskin *et al.* (1976, p. 01-02). Acervo pessoal de Antônio Acir Breda

As prisões permaneceram vivas na memória daqueles que foram levados pelas forças da repressão e, também, por aqueles que viram suas vidas devastadas por essa situação, como é relembrado pela senhora Maria da Glória Rocha, esposa de Osni Rocha:

> *Fazia 15 dias que era casada. Onde ele foi preso foi na [empresa] Cipla, a gente trabalhava lá, só que ele trabalhava na ferramentaria e eu no setor de injeção. Ele foi pego lá na empresa, só que lá na hora eu não tava a par. Só quando eu cheguei em casa que meu cunhado me falou. [...] Daí, no 115 outro dia, eu fui lá no batalhão para perguntar, daí eles me disseram que não sabiam de nenhuma informação. Daí a gente ficou quatro dias sem saber aonde que ele estava, depois daí já tavam [sic] indo procurar as pessoas que tinham ido para Florianópolis, aí já veio alguém comentar que ele tinha ido para Curitiba, mas onde ele tava em Curitiba a gente também não sabia* (ROCHA, 1997).

Outra que guarda na memória a lembrança daqueles dias terríveis é a senhora Lúcia Schinato Schatzmann:

> *Chega lá em casa, ali pelas duas horas da tarde um carro do [Comércio e Indústria Germano] Stein, com emblemas do Stein, "Ô Lúcia..." Maior festa, batendo nas minhas costas... Eu já atendi meio assim, porque a gente tinha medo de tudo... "Como é que está o 'Ed'?" Chamando pelo apelido. Digo: "Está bem!" "Onde que ele está nesse momento?" "Ele está viajando!" (mentira, ele estava trabalhando) "Tá viajando", eu desconfiei, né?! "Eu sou amigo dele, eu também não estava em Joinville, voltei agora e quero dar um abraço nele..." Pensei: "É a polícia disfarçada!", e a gente já tinha escutado prisão daqui, prisão de lá. Já tinha escutado que o Theodoro [Ghercov] tinha sido preso, porque depois ele saiu ali de casa e tinha sido preso lá em Florianópolis... Digo: "É a polícia!", eu disse: "Ah, o Edgar está viajando" "Então vamos fazer o seguinte... Quando é que ele volta?" "Só daqui uma semana" "Então tá bom, daqui uma semana eu venho." E foi. [...] Chegou o Edgar [...] de noite e eu disse: "Edgar acontece assim e assim..." Contei pra ele e*

> *disse: "É um sinal, é um sinal!" Naquela noite nós não jantamos, nós não dormimos, porque a gente sabia já o que vinha pela frente* (SCHATZMANN LS, 2013).

Edgar também relembra como foi o transcorrer daquele dia: *"uma tarde assim, até um tanto chuvosa, uma movimentação de tropas, homens com metralhadoras... Aí pensava: 'Deve ter algum assalto, alguma coisa por aí', mas não: era eu que eles visavam"* (SCHATZMANN, 2009). Ele acabou preso no dia seguinte, quando chegava ao trabalho. Lúcia Schatzmann soube, pouco depois, por meio de colegas da empresa onde o esposo trabalhava:

> *Quando ele chegou, chegou os caras e encapuzaram ele. Puseram um capuz e jogaram pra dentro de um carro [...], e os operários, tinha dois que sabiam onde é que nós morávamos, onde que o Edgar morava, bateram de bicicleta lá em casa apavorados, porque tinha acontecido isso com o Edgar... "Que era bandido, que vão matar o Edgar, que não sei o quê...", eu disse: "Olha, vocês voltam pra firma e tocam a firma como se o Edgar estivesse presente e eu vou tomar providência disso"* (SCHATZMANN LS, 2013).

Única mulher presa em Joinville, e uma das duas detidas pela operação, Rosimarie Cardoso Bittencourt não esqueceu a forma com que foi levada pela repressão:

> *Em Joinville eu [...] trabalhava como assistente social, da prefeitura, e comecei o trabalho dos CERIs, que são os Centros de Educação e Recreação Infantil, e [...] eu comecei a perceber que apareceu um cara na minha casa perguntando se conhecia... Eles estavam tentando identificar porque não era só centrado ali em Joinville, eu acho. Eu acho que também tinha... Eu sei que estavam lá me apavorando ou me identificando. Então eu já notei que havia assim... Alguma coisa estava acontecendo. Como eu digo, eles estavam mesmo me apavorando, né?! Eu cheguei no trabalho de manhã e esses três homens estavam lá me esperando. [...] Isso era 08h30min da manhã e me disseram: "A senhora vem conosco!" e eu disse: "Mas vou com vocês pra quê?", "A senhora vem!".*

> *E não tinha nem como eu dizer que não ia* (BITTENCOURT, 2011).

Em Joinville, a maioria das prisões ocorreu enquanto os militantes estavam chegando para trabalhar ou já estavam em seus locais de trabalho:

> *"Osni Rocha!" "Eu!" "Olha, tem gente te 117 chamando na portaria dois." Aí até a turma, meus colegas de serviço, disseram: "Poxa, casou esses dias (até eles foram no casamento, no quebra caco*[78] *meu, alguns foram no casamento), casou esses dias e o cobrador já está na porta." Aí eu fui lá. Ele disse assim: "Você é o Osni Rocha?" "Sou!" "Você conhece [...] o Júlio Serpa?", o Serpa também fazia [parte] do nosso grupinho. Aí eu disse "Conheço!" "Tá preso!" "Preso por quê? Eu não matei, não roubei..."* (ROCHA O, 2011).

Júlio Serpa foi preso quando chegava em casa: *"Eu estava vindo pra casa, a hora em que eu desci do ônibus eles me pegaram. Não deixaram nem eu chegar em casa. Mas já tinha ido na minha casa e tal, aí eles já me conheciam, sabiam quem era eu"* (SERPA, 2011). *"Quando eu fui preso, já não era mais surpresa, porque eu fui preso, em Joinville, eu e a Rosimarie, irmã do Marcos Cardoso, a Rosimarie Cardoso. Nós dois fomos presos no mesmo dia"* (SERPA J, 2009).

As prisões eram feitas de forma tão arbitrária que os presos ficaram incomunicáveis de 4 de novembro de 1975, até, pelo menos, 14 de novembro daquele ano. Permanecendo, inclusive, sem contato com a autoridade judiciária[79] ou com os advogados, o que, de acordo com o artigo 59 da LSN, não era permitido.

> [...] Mesmo declarado incomunicável pelo encarregado do processo e tal prisão sendo encaminhada ao Juiz e este ainda mantivesse a incomunicabilidade, teria o réu direito a manter contato com seu advogado (TORRES, 2009, p. 70).

[78] "Quebra caco" é o mesmo que despedida de solteiro.

[79] A primeira menção ao juiz auditor militar nos autos do processo foi feita na página 172, no dia 4 de dezembro de 1975, e refere-se a um pedido de prorrogação de prazo para a conclusão do inquérito por mais 30 dias (TORRES, 2009).

As notícias sobre as prisões logo se espalharam pelo estado e a 5ª RM lançou nota à imprensa comunicando sobre o que estava ocorrendo em Santa Catarina:

> COMUNICADO DO COMANDO DA 5a RM/DE: Como é de conhecimento público, diligências realizadas pelos Órgãos de Segurança durante o corrente ano, culminaram com a captura de elementos engajados em atividades de natureza subversiva em vários Estados da Federação, bem como ensejaram o levantamento de dados com a atuação ilegal e clandestina do proscrito Partido Comunista Brasileiro (PCB) [...] Tais dados já acrescidos de outros já existentes nos Órgãos de Segurança da área, se constituíram em ponto de partida para o aprofundamento das investigações, que resultaram na prisão, nos últimos dias, de vários suspeitos de pertencerem ou estarem ligados a cúpula da subversão no Estado de Santa Catarina. [...] Pode estar certa a família catarinense de que as ações em curso visam a garantir sua tranquilidade e a ordem indispensável ao trabalho profícuo, fatores imprescindíveis ao progresso de nossa Pátria. Ademais, estão sendo — e continuarão a ser — conduzidas respeitando-se a pessoa humana, obedecendo a lei e somente nos casos impostos pela Segurança Nacional. [...] Cabe agradecer a atuação dos meios de comunicação social, que, em nenhum momento prejudicaram as diligências (5ª RM/DE, 1975, s/p)

O modus operandi se repetiu na prisão de todos os militantes capturados em Joinville. Depois de sequestrados eram encaminhados para o 62º BI e de lá seguiam para Curitiba. No caminho, eram vendados com óculos pretos e o tempo todo eram ameaçados e torturados psicologicamente:

> *[...] e daí a gente foi pra Curitiba, mas eles não diziam, né?! Porque aquela época já estava bem fechado a coisa e eles diziam 'Não, nós vamos levar vocês lá pra Operação Bandeirantes'. Eles apavoravam a gente* (BITTENCOURT, 2011).

Sequestrados pelas forças de segurança e incomunicáveis, os presos começavam a se identificar e a compreender que se tratava não de prisões aleatórias, mas de uma operação de larga escala no momento em que eram levados de Joinville para a capital do Paraná, pois era ali que encontravam os companheiros de partido, como relata O Rocha (2011):

> *Entra naquela veraneio, [...] verde. Botaram eu, o João Jorge e o Antônio Justino, algemados [...]. Aí, eu já morei em Curitiba, aí sobe que sobe que sobe, eu digo "pronto, tamo indo pra Curitiba". Chegando no presídio os militantes descobriam que não estavam sozinhos "Já tinha mais gente lá, já tinha mais gente lá. O Irineu que já faleceu também estava. [...] Tinha bastante gente lá de Criciúma".*

Com o "desaparecimento" dos presos, os familiares tiveram um papel importantíssimo na procura desses, para que eles não fossem mortos em poder do Estado.

> *Em Curitiba, onde nós fomos segunda-feira, tinha lá os desaparecidos [...], por um momento eu olhei aqueles companheiros desaparecidos e achei que eu estava ali comecei a procurar... alguém me perguntou "Ué, tu conhece alguém?" "É conheço!" "Mas por que tu está olhando tanto?"... Eu pensei que eu estava ali. Se não fosse a Lúcia eu estaria ali" (SCHATZMANN E, 2011).*
>
> *"Montei na bicicleta e fui atrás de um telefone porque tinha telefone público só no final da João Colin. Fui lá pra telefonar [e] avisar o Breda que tinha acontecido a prisão do Edgar, avisei. Quando eu voltei... Nesse intervalo que eu fui lá e voltei, eles chegaram com o Edgar lá em casa, levaram todos aqueles livros que era livro nosso de estudo que não tinha nada a ver com nada [...] e outras coisas assim... O que vinha pela frente que tinha alguma coisa de faixa vermelha ou de vermelho, foi tudo* (SCHATZMANN E, 2011).

Edgar Schatzmann, indignado com a ignorância dos militares responsáveis por revistar a sua casa quando o prenderam, fez piada do caso inusitado que presenciou:

> *Eu gosto muito do Don Quixote, então todo livro do D. Quixote eu encadernava meio vermelho assim, um veludo meio vermelho. Então eles pegaram aquilo na minha biblioteca, em casa, e como prova aquilo: "É comunista, é vermelho!", né?! [...] Perguntavam se D. Quixote era do partido, assim... Pensei que estavam brincando* (SCHATZMANN, 2009).

O sumiço dos militantes criava, ao mesmo tempo, uma série de problemas aos familiares. Não bastasse a angústia de não saber o paradeiro dos presos, as famílias ficavam duplamente desamparadas: primeiro com a falta de recursos advinda do trabalho realizado pelos militantes; segundo, porque para procurarem os desaparecidos era preciso largar o emprego:

> *Daí eu avisei pra minha família lá em Itajaí, 120 porque a minha família é de Itajaí, daí tinha um tio que morava em Florianópolis também, daí ele veio aqui em Joinville pra ver como é que eu estava. Daí eu tive força assim da minha irmã, desse meu cunhado. Só que daí não ia trabalhar e daí não recebia, né?! Aí no fim eu tive de receber ajuda, também, da Assistência Social* (ROCHA M, 2011).

Na prisão, os militantes comunistas foram cruel e constantemente seviciados pelos militares que tentavam conseguir informações por meio da tortura, sendo ela física ou psicológica:

> *De noite começou o pau! Nossa senhora! Quem levou mais pau foi o João Jorge. [...] "Comunista!", e coisa e tal. "Conhece o Raul? Conhece fulano?". Conhecia, mas tinha que ficar quieto. Ficava lá uma meia hora de paulada. [...] Pau, pau, pau, choque e lambada e cacetada e choque... Tenho até hoje marca... [...] E mostravam fotografia... Perguntavam pra mim? "Conhece esse?" "Sim, conheço. Esse é o Júlio, nós jogava bola." "Conhece aquele?" "É o João Jorge, brincava de bola comigo!" "Conhece esse aqui?" "É o Edgar que sempre também estava lá". Tudo o que eu conhecia eu falei, mas aí começaram... "Conta de Criciúma!" "Eu nunca tive em Criciúma, não conheço!" "A Rose?" "Não conheço!" "O Marcos?", também não*

> *conhecia o Marcos, fui conhecer depois lá... "Vamos deixar no acorda leão hoje? Aí amanhã ele conta" [...] Aí você dormia que nem um bicho, um animal, com as pernas pra cima e as mão pra cima, aí de manhã soltavam e algemavam de novo* (ROCHA O, 2011).

No documento produzido pelos presos em 1976, os comunistas relatam, conforme pode ser visto na imagem 06, pelo menos 65 tipos diferentes de torturas e de instrumentos utilizados pela repressão para arrancar informações dos militantes encarcerados:

> 2. Pendura, consistindo em um cano de ferro, galvanizado, com mais ou menos 2 polegadas, instalado de parede a parede da cela, paralelo ao chão, distante uns 20 cm da parede e a 1 metro do 121 piso, no qual o cidadão sequestrado era pendurado, ficando suspenso, sendo que tinha atado ao cano, por algemas, o punho esquerdo e o pé direito. [...] 21. Choque elétrico — era aplicado com dois tipos de aparelho. Ambos tinham uns 30 cm de altura, por 15 cm de largura. Um possuía uma manivela ao lado e outro alguns botões, os quais, quando acionados, transmitiam energia. Da parte superior do aparelho, saiam dois fios de cobre, que eram atados aos dedos de cada mão, ou colados à pele com esparadrapo, sendo regiões preferidas os dedos e os rins. 22. Café quente no saco — jogam café quente no escroto e no pênis, quando o preso estava sobre a latinha, completamente nu. 23. Alicate — fios de barba são arrancados com um alicate. [...] 27. Fome, sal e sede — muitas vezes não forneciam comida e quando o faziam, a salgavam bastante. Pedíamos para que dessem água e não davam ouvidos e negociavam o fornecimento no interrogatório. [...] 30. Exibição dos presos sendo torturados, aos ainda não torturados. 31. Uso da bata — despiam o preso e mandavam o mesmo colocar um saco que possuía dois orifícios para passar os braços e um corte para a cabeça. O saco estava imundo e fedendo a fezes. 32. Gravações contínuas de homens, mulheres e crianças, sendo seguidamente torturados (gritos desesperados). [...]

> 34. Despersonificação do preso, através do terror, da ameaça de morte, das torturas físicas e psicológicas, induzindo e também instigando ao suicídio, até dizendo: "porque [sic] não te matas? sabes que não tens escolha". [...] 37. Não permissão de que o preso repousasse, pois os interrogatórios eram na parte da manhã, da tarde, da noite e da madrugada, sendo sempre mantido um clima de permanente terror e com revezamento de interrogadores. [...] 39. Promessa pelo Encarregado do Inquérito, de que torturaria nossos familiares, o que de fato em alguns casos fez, aproveitando da oportunidade em que nossas 122 esposas foram apanhar autorização para visita, onde então tratou-as em sala reservada de sem vergonha e putas, também fazendo propostas de que se elas reconhecessem algumas fotografias seus maridos seriam soltos imediatamente [...] 42. Aplicação de choques elétricos em presos durante o interrogatório, para que assinassem os depoimentos elaborados pelo Encarregado do inquérito; quem acionava a máquina de choques era o próprio Bel Lucio Jaimes Acosta[80] e junto estava o Agente Nobre (a tortura era em uma sala que fica no térreo do prédio da Polícia Federal, em Florianópolis). 43. Não fornecimento de comida e de água aos presos pelo encarregado do Inquérito. [...] 54. Ameaças de morte pelo Bel Lucio Jaimes Acosta, dizendo que a coisa era fácil, pois está na moda simular um acidente de veículo, uma fuga ou suicídio ([Ilegível] DAS DECLARAÇÕES DOS PRESOS POLÍTICOS DA "OPERAÇÃO BARRIGA VERDE", 1976, p. 05-10).

[80] Lúcio Jaimes Acosta é Delegado de Polícia Federal Aposentado, ex-professor da Academia Nacional de Polícia e, atualmente, é sócio da empresa Acosta & Advogados Associados S/S, em Brasília. Acosta foi, também, um dos fundadores da Associação Nacional dos Delegados da Polícia Federal (ADPF), onde foi segundo secretário na gestão 2012-2013. De acordo com LS Schatzmann (2014), Acosta a teria agredido nas dependências da PF em Santa Catarina: *"Ele me deu uns socos, uns pontapés assim, sabe? Porque eu falei pra ele 'onde é que tu vai se esconder meu filho? [...] Olha a Grécia, olha Portugal... Pode escrever aí!' Aí ele me deu um soco, [...] um telefone e me chutou"*. Ainda segundo LS Schatzmann, o delegado *"se gabava de ter feito parte da escola de tortura do Panamá"*, a Escola das Américas, localizada no Panamá, foi criada em 1946 pelo governo estadunidense como parte dos esforços anticomunistas na América do Sul e, segundo Filho (1999), nos anos 1960 ela se tornou o principal centro de contrainsurreição na região.

Imagem 06 – Das torturas

tass ; também fazendo propostas de que se elas reconhecessem algumas fotografias , seus maridos seriam soltos imediatamente .

40. Interrogatórios pelo Encarregado do Inquérito - Bel Lúcio Jaimes Acosta , durante o período noturno . Nos apanhava na parte da manhã ou da tarde e deixava passar das 18:00 horas , quando então intensificava as atividades , exigindo que o interrogado assinasse os depoimentos sem ler , senão iria " entrar no pau " . Provas do horário do retorno , existem na Polícia Militar de Santa Catarina .

41. Bofetadas dadas em interrogados pelo Bel Lúcio Jaimes Acosta , durante o interrogatório , exigindo a assinatura do papel que ele apresentava como depoimento .

42. Aplicação de choque elétrico em presos durante o interrogatório , para que assinassem os depoimentos elaborados pelo Encarregado do Inquérito ; quem acionava a máquina de choque era o próprio Bel Lúcio Jaimes Acosta e junto estava o Agente Nobre,(a tortura era em uma sala que fica no terreo do prédio da Polícia Federal em Florianópolis).

43. Não fornecimento de comida e água aos interrogados , pelo Encarregado do Inquérito .

44. Ameaça por parte do Bel Lucio Jaimes Acosta e o Agente Nobre , de instalar em Florianópolis , uma subsidiária da "Clínica Marumbi" .

45. Invasão do domicilio dos presos , sem qualquer explicação , penetrando na casa e fotografando o local , pelo Bel Lúcio Jaimes Acosta .

46. Exibição pelo Bel Lúcio Jaimes Acosta dos papéis e anotações que eram efetuadas pelos torturadores em Curitiba e dos relatórios do que deveria constar nos depoimentos , que ele por seu livre arbítrio transcrevia .

47. Desrespeito e emprego de palavras ofensivas ao Exmo. Sr. Presidente da República e ao Exmo. Sr. Governador do Estado de Santa Catarina .

48. Tentativa de incriminação de parlamentares e outros políticos e eclesiásticos , no inquérito .

49. Proposta por parte do torturador Leonel , em Curitiba , que com uns cr$ 50.000,00 ou cr$ ..... 100.000,00 , resolveria o problema do interrogado , " alivian

Fonte: Souza, Motta, Ceskin *et al.* (1976, p. 09). Acervo pessoal de Antônio Acir Breda

As torturas físicas e psicológicas praticadas pelo delegado da PF não se resumiam às agressões e ameaças, mas eram constantes, também, as humilhações: *"Esse Dr. Lúcio era negro que nem eu, ele dizia: 'Seu negro macaco!' [...] e eu quase dizia: 'E você o que é?' aí me batia e eu tinha que ficar quieto"* (ROCHA O, 2011). Acosta não ameaçava apenas os presos políticos:

> *Esse Dr. Lúcio, me pegou um dia [...] me levou pra dentro de uma sala, chegando naquela sala estava a Linete, a mulher do Irineu Ceschin, sentada numa mesa. Aí quando eu entrei ela disse pra mim "Lúcia, faz tudo o que ele quer!" [...]. Aí ele me pôs assim, do lado da mesa, e um monte de armas empilhadas assim, eu via aquele monte de armas e dois caras armados. Aí ele começou, ele queria que eu assinasse um papel em branco que o Edgar e o Irineu sairiam ilesos, que eles iam soltar, que era um engano [...]. Eu disse "Não! De jeito nenhum eu vou assinar." [...] Ele deu um soco em cima da mesa que pulou tudo (eu acho que ele queria ter dado aquele soco em mim, sabe?), aí assim que ele deu o soco, eu dei outro [...] a Linete desandou no choro, eu dei aquele soco e aí eu disse "Um dia o senhor vai pagar por tudo o que o senhor tá fazendo!" Aí ele olhou bem sério pra mim e calmo e disse "Eu sei! Um dia é da caça, outro dia é do caçador"* (SCHATZMANN LS, 2014).

Além das torturas físicas e psicológicas infringidas pelos militares, alguns aspectos simples, corriqueiros, quase banais, criavam um terror emocional ainda mais contundente e violento:

> *Aí naquele quarto que era verde [...] eu contei, 1... 2... 3... 4... 5... 6... 7... 8... 9... Nove riscos. Digo: "No décimo risco eles 'pau' mataram!" Pensando tudo de mal, mas justamente quando chegou no décimo dia... "Esse vai, o Júlio vai, o Antônio Justino vai...". Aí vendaram os olhos, entramos na veraneio pra ir até Florianópolis* (ROCHA O, 2011).

A imagem 07, mais um trecho do documento produzido enquanto os militantes estavam encarcerados, revela, também, como eram as "masmorras" em que os presos foram "depositados":

> No prédio 1, estava situado um banheiro, três celas e uma sala de interrogatórios onde eram aplicados choques elétricos; também, os escritórios dos torturadores. [...] As masmorras, 124 eram sem qualquer ventilação, cobertas de DDT no chão e nos colchões, sem luz solar, travesseiro e lençol [...]. Havia sangue coagulado nas paredes e no chão. A[s] porta[s] das masmorras eram de madeira trancafiadas por fora com um cadeado. O interior da cela era escuro, havendo uma lâmpada e o interruptor ficava do lado de fora. [...] As masmorras 1 e 2, eram guarnecidas por um cano instalado horizontalmente, onde os presos tinham um punho e uma perna atados por algemas e ali ficavam durante horas, com o corpo suspenso. ([Ilegível] DAS DECLARAÇÕES DOS PRESOS POLÍTICOS DA "OPERAÇÃO BARRIGA VERDE", 1976, p. 03).

Imagem 07 – Das masmorras

DAS MASMORRAS

O prédio onde fômos torturados, supomos esteja situado na rua 7 de setembro em Curitiba.

No portão central havia uma guarita, guarnecida por um soldado do Exército; depois, o veículo subia uma rampa.

Na recomposição que fizêmos conforme o desenho anexo, na frente havia um estacionamento para veículos (um páteo interno) e arvores. Depois, uma calçada e em seguida um corredor a céu aberto, um galpão, dois prédios e nos fundos duas casas.

No prédio 1, estava situado um banheiro, tres celas e uma sala de interrogatórios, onde eram aplicados choques elétricos; também, os escritórios dos torturadores.

No prédio 2 haviam tres celas, uma dependência com telefone, rádio e a cozinha.

No galpão estava situada uma enfermaria que servia como sala de interrogatórios, com cama e farmácia.

Das duas casas, apenas uma era utilizada, como sala de interrogatórios e onde eram levadas a cabo as sevícias.

As masmorras, eram sem qualquer ventilação, cobertas de DDT no chão e nos colchões, sem luz solar, travesseiro e lençol e os beliches traziam a seguinte inscrição : BTL LOG.

Havia sangue coagulado nas paredes e no chão.

A porta das masmorras eram de madeira, trancafiadas por fora com um cadeado.

O interior da cela era escuro, havendo uma lâmpada e o interruptor ficava do lado de fora.

Ao lado das celas externas, estavam localizados os serviços de rádio e telefonia, cujo número do fone lembramos ser : 226391 ou 226193.

As masmorras nº 1 e 2, eram guarnecidas por um cano instalado horizontalmente (desenho), onde os presos tinham um punho e uma perna atados por algemas e alí ficavam pendurados durante horas, com o corpo suspenso.

Fonte: Souza, Motta, Ceskin *et al.* (1976, p. 03). Acervo pessoal de Antônio Acir Breda

O documento revela quem eram os torturadores, como pode ser visto na Imagem 08, incluindo o delegado da Polícia Federal em Florianópolis, Bel. Lúcio Jaimes Acosta:

> 1. Leonel, com aproximadamente 1,70m, cor morena clara, barba cerrada, bigode espesso, cabelos médios ondulados, tipo gordo, entroncado, aparentando 35 anos. [...] 3. Sidnei, de aproximadamente 1,80m, loiro, com uns 35 anos, cabelo liso — corte militar, fisicamente forte. [...] 7. Quatro carcereiros que inclusive participavam das sevícias. [...] 11. Major Souto — interrogava e supervisionava os trabalhos no 63º Batalhão de Infantaria, em Florianópolis, gordo, moreno, cabelo liso preto, possui uma mancha branca circundando a região dos lábios, de aproximadamente 1,68m. 12. Dr. Carlos, de estatura média, magro, cor branca, cabelos castanhos lisos, bigode fino, estava muitas vezes acompanhado do Mj. Souto, cuja função era receber presos no 62º BI. [...] 14. Um médico militar. 15. Um enfermeiro. 16. Encarregado do Inquérito — Bel. Lúcio Jaimes Acosta, negro, alto, magro, funcionário da polícia federal em Santa Catarina. [...] 19. Dr. Gregório, apresentava-se como chefe da Operação Barriga Verde; em Curitiba usava o nome de Dr. Rui, com mais ou menos uns 50 anos, cabelos lisos pretos, meio 125 grisalho, usava óculos de grau, cor clara. ([Ilegível] DAS DECLARAÇÕES DOS PRESOS POLÍTICOS DA "OPERAÇÃO BARRIGA VERDE", 1976, p. 04-05).

Imagem 08 – Dos torturadores

DOS TORTURADORES

Os torturadores , na maioria trazendo um crachá com a inscrição " CLINICA MARUMBI " , eram os seguintes :

1. Leonel , com aproximadamente 1,70 m , cor morena clara , barba cerrada , bigode espesso , cabelos médios ondulados , tipo gordo , entroncado , aparentando 35 anos .

2. Adolfo , magro , baixo , mais ou menos 1,67 m , cabelos pretos - curto - liso , bigode , moreno claro , aparentando 37 anos .

3. Sidnei , de aproximadamente 1,80 m, loiro , com uns 35 anos , cabelo liso - corte militar , fisicamente forte .

4. Dr. Roberto ou Julio , magro , com aproximadamente 1,80 m , aparentando 30 anos , cabelos pretos - lisos , cor clara .

5. Jorge , com mais ou menos 1,70 m e uns 28 anos de idade , cabelo crespo - castanho , cor branca, gordo .

6. Dois cozinheiros que serviam o café e refeições na masmorra .

7. Quatro carcereiros que inclusive participavam da sevícia .

8. Equipe de tres interrogadores que estava sendo preparada , à qual servimos de cobaia para treinamentos de interrogatórios .

9. Um louro , alto , cabelo corte militar , que era chamado de Chefe .

10. Mais seis interrogadores .

11. Major Souto - interrogava e supervisionava os trabalhos no 63º Batalhão de Infantaria em Florianópolis , gordo , moreno , cabelo liso preto , possui uma mancha branca circundando a região dos lábios , de aproximadamente 1,68 m .

12. Dr. Carlos , de estatura média , magro , cor branca , cabelos castanhos lisos , bigode fino , estava muitas vezes acompanhado do Mj. Souto , cuja função era receber presos no 62º BI .

13. Dez 'policiais' que efetuavam o sequestro .

14. Um médico , militar .

15. Um enfermeiro .

Fonte: Souza, Motta, Ceskin *et al.* (1976, p. 04). Acervo pessoal de Antônio Acir Breda

Relata, também, como apresentado na Imagem 09, a existência de falsas testemunhas arroladas no processo para incriminar os comunistas por atos que eles não cometeram:

> Desconhecidas por nós e arroladas na Denúncia como "testemunhas", diga-se falsas testemunhas que são: Aldo Paulick, Moacir Nuemberg e Maria José Silva dos Santos, todos funcionários do Departamento de Polícia Federal, Superintendência Regional do Estado de Santa Catarina.

Imagem 09 – Das Falsas testemunhas

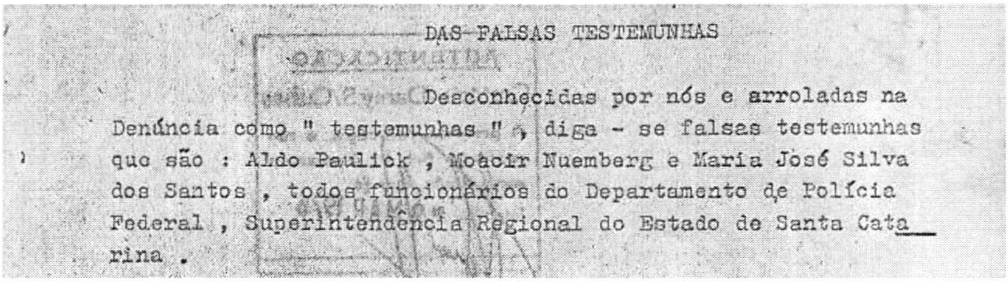

DAS FALSAS TESTEMUNHAS

Desconhecidas por nós e arroladas na Denúncia como " testemunhas " , diga - se falsas testemunhas que são : Aldo Paulick , Moacir Nuemberg e Maria José Silva dos Santos , todos funcionários do Departamento de Polícia Federal , Superintendência Regional do Estado de Santa Catarina .

Fonte: Souza, Motta, Ceskin *et al.* (1976, p. 05). Acervo pessoal de Antônio Acir Breda

Dos 41 presos que foram interrogados na fase judicial, 16 afirmaram ter sofrido tortura física durante o inquérito policial, 16 sofreram torturas psicológicas e nove afirmaram não terem sido torturados de forma alguma. Portanto,

> [...] 32 dos acusados sofreram tortura física ou psicológica e, ainda assim, os juízes consideraram que o inquérito foi revestido das formalidades legais. Mais da metade dos acusados afirmou que suas declarações já estavam prontas antes mesmo do [...] interrogatório (TORRES, 2009, p. 162).

Se para Pollak (1992) e Halbwachs (2006), cada memória individual é um ponto de vista sobre a memória coletiva e que para que uma lembrança seja reconhecida é preciso que existam laços entre os indivíduos que os permitam se reconhecer como um grupo, no caso dos presos na OBV, esses laços se estendem com a causa defendida, ou seja, em um primeiro momento apenas a luta comunista, que passa pelo projeto de redemocratização do país e chega às torturas. Passadas mais de três décadas das prisões, os poucos militantes de Joinville que ainda estão vivos trazem na memória a dor e o sofrimento do cárcere. Cada um à sua maneira mantendo aberta a ferida que mais lhe doeu:

> *Fomos levados pra uma cela e ali começou os interrogatórios. A cela, ela [...] tinha um cadeado com corrente pelo lado de fora e, de hora em hora, eles batiam no cadeado, então... De hora em hora aquilo, durante 24 horas, no fim... Quando batia no cadeado a gente levava um pulo, né?! A gente levava um pulo, porque a gente não conseguia dormir [...] e então eles colocavam o capuz na 126 cabeça e levavam para interrogatório. [...] Teve um interrogatório que eu fui açoitado como um escravo no tronco. Fui açoitado porque eles achavam que eu não queria cooperar com eles. [...] Sim, eu tinha a informação, mas eu não queria que colegas viessem viver o que eu estava vivendo no momento* (JUSTINO, 2009).

> *O pior de tudo é tu ver um camarada, um companheiro, um amigo de dia a dia teu, estar sendo massacrado por outras pessoas, o que eu presenciei muitas sessões de tortura, tanto comigo como com outros companheiros"* (SERPA J, 2009).

> *Eles ligavam o fio e rodavam uma manivela pra dar o choque conforme se tu respondia uma coisa que não era o que eles bem queriam. "Você esteve na reunião tal? Foi lá o seu irmão [...] fulano, fulano, você estava lá nesse dia?" "É, eu fui, mas eu fui lá porque eu fui lá..." "Não, mas você foi pra fazer a reunião do Partido Comunista!". Se eu não respondia, então eles faziam a manivela e aquilo me dava o choque, uma coisa horrível nos braços da gente* (BITTENCOURT, 2009).

Enquanto os presos eram mantidos sob tortura nas dependências do DOI-Codi, era quase impossível para as famílias e/ou para os advogados agirem na tentativa de requerer a liberdade dos militantes:

> *Se antes do Ato Institucional N.º 5, normalmente, o Inquérito tramitava com uma certa liberdade para o exercício da advocacia (você tinha acesso quase que imediato ao preso, [...] dessa primeira fase raramente houve tortura), o panorama modificou-se completamente a partir do AI-5, quando a investigação passou para o DOI-Codi. [...] No interior, onde funcionava o esquema de repressão, [...] os membros do DOI-Codi usavam codinome, por isso que foi muito difícil, depois, você identificar quem participou da tortura, quem torturou, porque eles usavam codinome. [...] Quando terminava o martírio ele era encaminhado para o Dops e chegava no Dops com uma minuta da confissão, porque se não admitisse, pelo menos, relação, por exemplo, 127 com o Partido Comunista ou com aquelas organizações clandestinas que formaram a pessoa continuava no [DOI-Codi]. Sem nenhum acesso ou assistência de advogado. Por quê? Porque não tinha como a família, nem o advogado, saber aonde funcionava o DOI-Codi. O "aparelho" do DOI-Codi sempre permaneceu na mais absoluta clandestinidade, que quando o preso era encaminhado pro Dops, [...] porque a suposta confissão dele seria obtida não no interior, nos porões do DOI-Codi, e sim perante a Delegacia de Ordem Política e Social, o Dops* (BREDA, 2014).

Além daqueles que estavam encarcerados e eram, constantemente, seviciados, física e psicologicamente, os familiares, quando tiveram acesso ao paradeiro dos presos e puderam visitá-los, tinham de passar por constrangimentos e ofensas, assim como por intimidações por parte dos agentes do estado:

> *Eu não militava. Porque, geralmente, tinha as crianças pequenas e coisa, mas tinha reunião lá em casa, só que eu não conhecia o pessoal, entende? Nós acabamos conhecendo o pessoal, eu no caso [...], ali na prisão. Então, lá na prisão, eles mostravam o pessoal: "Tu conhece esse aqui, tu essa aqui?" Eu dizia "Não!", não ia dizer que*

> *conhecia, né?! "Não, mas tu conhece, tu conhece e tal..." (o delegado). Chegou uma hora que ele botou o revolver em cima da mesa e disse: "Não, tu conhece!" [...], pra me intimidar. Eu disse: "Não, não conheço!", aí mostrava várias fotos de cara na praia, em tal lugar [...] assim... "Não, esse aí eu não conheço ninguém." Aí ele bota um... Não sei, era um "ar-condicionado" [..], muito perto, me chamou de burra, "A senhora é uma burra!" disse "Ó, infelizmente eu não posso dizer nada pra ti, se eu sou burra, sou burra mesmo..."* (SERPA Z, 2009).

Alguns militantes presos, em 1975, possuíam filhos pequenos e, para essas crianças, que não entendiam exatamente o que estava acontecendo e o porquê da repentina falta dos pais, era ainda mais difícil. A dor e a angústia era sentida dos dois lados, pelos filhos sem os pais e pelos pais que sentiam a falta dos filhos:

> *Aí a minha esposa veio com o meu guri, o meu* [128] *guri tinha cinco anos de idade, e o meu guri quando viu aqueles policiais tudo armado assim, ao meu lado, ele disse assim: "Pai! Pai, interessante, né?! Na televisão a polícia é mocinho e aqui a polícia é bandida, porque prenderam o pai, o pai não fez nada. Por que isso, pai?" E aquilo me comoveu muito. É uma das coisas que eu não esqueço* (JUSTINO, 2009).
>
> *Eu era criança mesmo. A gente tinha seis, sete anos, então eu me lembro que eu levava os cadernos, eu estava na primeira série então eu levava os cadernos pro pai assinar porque todo mundo tinha o caderno assinado pelo pai e pela mãe, eu não tinha. Então, quando eu podia, eu levava o caderno, o boletim pra ele assinar, quando eu pegava. As vezes eu demorava duas, três semanas pra entregar o boletim na escola, por esse fato de eu chegar e dizer pra professora: "Não, o meu pai vai assinar o meu boletim. Quando ele vir do trabalho, ele vai assinar". E daí era complicado, né?! Querendo ou não, eles queriam saber o motivo, aí tu não sabia como explicar* (SERPA M, 2009).
>
> *Eu tinha apenas três anos. [...] Uma criança de três anos, pra ela é tudo diversão, fantasia, e eu nessa... Porque a*

> *mãe me levava pouco. Eu lembro, assim, de duas vezes ter ido [à prisão]: uma de kombi, outra de ônibus. Foram as duas únicas vezes que eu tenho na memória gravado. Então como a mãe ia com elas que eram maiores, quando a mãe voltava, ela sempre trazia um chicletinho de morango que ela dizia que foi mandado pelo pai. Então eu esperava a volta dela assim, com muita ansiedade por causa do chicletinho que o pai ia mandar pra mim. Isso eu lembro assim, eu sinto até o cheiro do chicletinho [...] aquilo me lembrava o pai, entende? O pai estar perto de mim era o tal do chicletinho* (SERPA V, 2009).

> *A Tatiane até hoje, nós achamos que é trauma daquela época, porque ela era muito grudada ao Ed, porque de noite, era o Ed que cuidava dela e eu ia estudar. E o Ed muito caloroso com ela e tudo e ela sentiu falta do pai. Sentiu falta, ficou doente, os médicos não descobriam doença e por fim me chamaram, dois médicos pediatras me chamaram [...] "A senhora vai ter que contar a verdade pra nós! A sua filha não está doente, ela está doente emocionalmente, ela pode morrer e nós queremos saber se está acontecendo alguma coisa na sua vida. A senhora pode contar sem medo nenhum, daqui não vai sair." Aí eu contei, eu disse: "Não, o pai dela é preso político, tá preso aqui em Florianópolis..." Aí eles mandaram uma carta pro batalhão [..] e eles autorizaram a menina ver o pai. Mas parece que foi assim, tirar com a mão, sabe?! [...] Eu vivia escondendo a Tatiane, de um lado pra outro e aquilo passava pra ela* (SCHATZMANN LS, 2014).

Nesse período havia duas coisas que mantinham os militantes vivos e suportando todo aquele sofrimento: a saudade da família e o companheirismo dos outros presos políticos que faziam o que podiam para não deixar a moral do grupo baixar:

> *Uma das regras era não deixar o astral baixo, dos companheiros. Se tivesse um companheiro triste irmos imediatamente conversar com esse companheiro. Um companheiro de Joinville chorava, muito triste, desesperado num canto, aí eu fui falar com ele. Aí eu disse: "Ó companheiro, eu tenho certeza de que o sol voltará a brilhar sobre nossas cabeças. Eu tenho certeza disso!*

> *A ditadura não tem futuro.", eu dizia isso mais pra animar, né?! Animar, primeiro a mim, pra criar força. E ele disse: "Não, eu não estou chorando pela prisão. Eu estou chorando, sabe por quê? Porque você está aqui. Porque eu falei o teu nome e aí eu não me perdoo. Eu não aguentei a tortura. Eles enfiavam o cabo de vassoura no cu, eles fizeram o diabo, você precisa ver. Eles bateram na minha genitália com uma madeira, eu acho que vou ficar impotente. Tudo isso não importa! O importante pra mim é que você está aqui porque eu falei o teu nome." Eu disse: "Não companheiro, a confissão tirada em tortura não tem valor nenhum e desde já eu não tenho mágoa nenhuma porque talvez eu fizesse o mesmo que você, porque ninguém é de ferro, nós somos de carne, somos de sentimentos, nós somos pessoas trabalhadoras, pessoas honestas"* (SCHATZMANN, 2009).

Militantes do PCB, não tinham uma opção de resistência armada, mas de conscientização política (PEREIRA, 2009). Conscientização essa que ajudou na formação de um MDB de verdadeira oposição em Santa Catarina. Mas que, ao mesmo tempo, colocou a vida dessas pessoas em perigo e os privou da liberdade nos cárceres da ditadura:

> *Até que houvesse a denúncia do Ministério Público, o advogado pouco podia fazer, por quê? Porque a investigação era secreta, absolutamente sigilosa, o preso era mantido em local ignorado (nós nunca conseguimos localizar onde funcionava o DOI-Codi. Nunca, nunca! Na época, nunca conseguimos). Então você não tinha a garantia do habeas corpus, você não podia indicar a autoridade coautora, porque o DOICODI era uma organização... Uma organização secreta, que funcionava na clandestinidade, essa que é a verdade. [...] É claro que o comandante da justiça militar é que designava o comandante, o militar que era encarregado dessas operações do DOI-Codi, mas você não ficava sabendo, porque não havia a menor publicidade para essa investigação. O preso era mantido incomunicável, sem direito de se comunicar com o advogado, o prazo era de trinta dias*

> *depois prorrogado por mais trinta dias. Depois, invariavelmente, vinha a prisão preventiva...* (BREDA, 2014).

"Com a Anistia, em 1979, todos ganharam a liberdade, mas levaram consigo as marcas de uma luta desigual e covarde" (PEREIRA, 2009). Infelizmente, as agruras sofridas no cárcere continuaram sentidas pelos militantes presos e lhes acompanhariam pelo resto de suas vidas, algumas delas, muito curtas:

> *O pessoal morreu bem jovem. Outros, que não eram daqui de Florianópolis, mas de Criciúma, de Joinville, de Itajaí também, o pessoal acabou morrendo bem cedo, porque o pessoal adoeceu. Depois das prisões, o pessoal ficou doente, quase todo mundo, quase 100% ficou em situação, realmente precária, difícil. Além da questão financeira, ainda era atacado pela doença que era a depressão, que era as formas de depressão. É um pouco misterioso como pode tanta gente morrer assim de forma tão jovem?!"* (VERZOLA[81], 2009).
>
> *"Outros já se foram, outros se mataram porque não aguentaram. O Raul [Teodoro Ghercov] [...], que vinha de São Paulo pra cá, soltaram ele, no outro dia... Dentro de um poço, suicidou-se*[82] (ROCHA O, 2011).

Além disso, mesmo depois de serem postos em liberdade, a vigilância sobre os presos parecia não diminuir e a perseguição do Estado continuava: *"Aí sempre tinha que tomar cuidado. Olhava pela janelinha e [...] [tinha um fusca] pra ver se eu estava organizando com alguém [...]. Estava em casa, mas tava sendo vigiado, sempre, sempre"* (ROCHA O, 2011).

[81] Alésio Verzola nasceu em Florianópolis, no seio de uma família comunista. Quando o PCB começou a se reorganizar, em 1968, assumiu o cargo de tesoureiro da direção estadual do partido. Foi preso, em 1975, durante a OBV, quando ocupava a função de segundo secretário.

[82] Segundo Martins (2011), depois de ser terrivelmente torturado, Ghercov foi libertado com a Anistia, em 1979. Ao sair da prisão, o dirigente tentou retomar a militância política, mas não conseguiu, dada a mudança com os novos quadros do partido. Ghercov, então, passou a trabalhar como porteiro no prédio do Instituto dos Arquitetos do Brasil, na cidade de São Paulo, acometido pela depressão, acabou por cometer suicídio, jogando-se dentro de um poço, na própria casa.

4.3 AS MARCAS DA OBV NA VIDA E NA AÇÃO POLÍTICA DOS MILITANTES COMUNISTAS

Alguém era comunista porque acreditava que só poderia estar vivo e feliz se os outros também estivessem[83]
Giorgio Gaber

Geisel assumiu a presidência em março de 1974 com a proposta da distensão. Ao mesmo tempo em que trazia a possibilidade da abertura democrática, dava aos militares a garantia de impunidade e continuidade do poder acumulado durante o regime ditatorial. O processo que o ditador chamou de "lento, gradual e seguro" pretendia favorecer resultados eleitorais que pudessem beneficiar a Arena, tanto no Congresso Nacional, quanto nas demais casas legislativas estaduais, bem como os candidatos a prefeito ou governador e, evidentemente, o candidato a presidente desejado pelos militares, além de ir, aos poucos, alargando as regras democráticas, num ritmo que desse a garantia do controle de todo o processo à cúpula militar (ARAÚJO, 2013, p. 356).

O resultado das urnas, em novembro de 1974, porém, mostrou o avanço da oposição com forte apoio dos militantes comunistas que tiveram participação direta nas eleições e na consequente vitória do MDB naquele pleito. Imediatamente os militares agiram para garantir a tranquilidade que estes queriam na transição para o regime democrático.

Para ARAÚJO (2013, p. 357), o que explicaria a inclinação do governo em direção à democratização seria o medo de "que o ritmo de alargamento do conteúdo e campo de validade das regras fosse diferente daquele que a cúpula do regime queria manter estritamente sob seu controle". Era necessário evitar "que os resultados desejados se tornassem indesejados ou que o esperado se tornasse inesperado".

Estava ficando evidente aos militares que o processo de transição, a "distensão", não seguiria da forma como havia sido plane-

[83] Trecho retirado do poema "*Qualcuno era comunista*" e traduzido por mim.

jada e, portanto, era preciso tomar medidas que impedissem que a redemocratização seguisse o modelo de outros países, como no exemplo da Grécia:

> *Porque eles tiveram uma experiência. A 133 experiência na Grécia*[84] *a redemocratização com os militares prendendo os ditadores. Os militares, os coronéis gregos foram a maioria presos por sargentos, cabos e soldados, entende? Então o Geisel fala [...]: "Eu falo para essa gente aí (que eram os militares) 'olhem a Grécia! Olhem a Grécia!'". Depois, em 1974, houve a revolução dos cravos em Portugal*[85] *e o Geisel dizia "Olha a revolução dos cravos que está acontecendo e vai acontecer aqui e em escala muito maior porque o Brasil é grande e mais politizado". [...] Então tinha uma necessidade aí porque sem o PC, os militares da direita, os torturadores, conseguiam liderar a democratização, a anistia, o processo de anistia com eles controlando* (SCHATZMANN E, 2014).

O desencadeamento das operações de caça aos comunistas surtiu o efeito visado pelo regime. Em Joinville, por exemplo, a militância do PC foi devastada pelas torturas. As sequelas, tanto pessoais quanto coletivas, foram sentidas na ação política e na vida desses indivíduos. Um caso emblemático foi o de Antônio Justino que transformou o seu modo de ver e sentir a vida, amenizando

---

[84] Segundo Oliveira (2000), a transição democrática grega foi rápida porque o regime autoritário não conseguiu apoio suficiente enquanto esteve no poder, entre 1967 e 1974. Havia divisões no interior das FFAA, além da oposição da monarquia e de grande parte dos políticos e da sociedade civil. Em 1973, os protestos estudantis foram apoiados pela sociedade e, com a intervenção da Grécia no golpe político do Chipre, seguida da invasão daquele país pela Turquia, o Estado-Maior grego isolou as Forças Armadas do governo, depondo os militares que controlavam a ditadura e negociando o retorno do líder político conservador Constantine Karamanlis, dando a garantia de que as FFAA estariam afastadas dos governos que se formariam. Em 142 dias, o regime autoritário foi desmontado, a monarquia extinguida por referendo, o PC foi legalizado e realizaram-se eleições para o Parlamento. Os militares expurgados pela ditadura foram reintegrados e os comprometidos com o regime foram presos, julgados e, muitos deles, condenados.

[85] Para Oliveira (2000), em Portugal o regime autoritário foi derrubado por jovens oficiais que se opunham à política colonialista do país e o sucesso do golpe deveu-se, principalmente, ao apoio da sociedade que se mobilizou e saiu às ruas empunhando cravos vermelhos. Os militares que tomaram o poder aproximaram-se dos partidos revolucionários portugueses, dentre os quais o mais relevante era o PC. Em 1975, houve eleições para a Assembleia Constituinte, na qual os partidos democráticos obtiveram 72% dos votos, sinalizando claramente que a sociedade optava pela democracia.

o drama das memórias com o apego à religião: *"João, capítulo três diz que 'É necessário nascer de novo'. Eu continuo sendo um homem de esquerda, mas cristão"* (JUSTINO, 2009).

Mesmo após a anistia, o PC não teve fôlego para se reestruturar e ganhar força política. Os principais dirigentes do partido, em Joinville, foram gravemente afetados pelo período em que estiveram no cárcere e, com a vida social dificultada pelo histórico de prisões, não tiveram a força necessária para interferir diretamente no processo de redemocratização:

> *Pra conseguir emprego foi um problema. Aí eu tinha um parente que trabalhava com construção civil: fazia muro, fazia garagem, fazia casa. [...] Eu disse "Pai, tá ruim de arrumar emprego, não adianta" aí ele disse "Tem um fulano de tal. Ele trabalha assim por conta, tu não quer trabalhar com ele?" "Ah! Claro que eu quero" "Mas tu vai ser servente de pedreiro" eu disse "Não faz mal" aí eu ia de bicicleta por aí tudo, pela cidade com ele* (SCHATZMANN E, 2014).

Não só as dificuldades interpostas pelo histórico de prisões, mas o próprio efeito das torturas dificultava o retorno ao trabalho desses militantes:

> *O Júlio Serpa viu: me deram tanto soco na barriga, tanto soco na barriga, aí me deu uma úlcera nervosa [...] que eu começava [o trabalho na empresa Tupy] das 14h00 às 22h00 parece... Quando chegava 16h00 me dava uma dor no estômago tão grande, tão grande, tão grande que eu disse: "Não dá mais!". Aí me botaram no encosto. [...] O Dr. [incompreensível] disse: "Não dá, Didi, vamos ter de operar!" Aí me mandaram pro hospital Dona Helena e fizeram a operação pra tirar aquela úlcera, aquele sangue magoado que ficou* (ROCHA O, 2011).

Mesmo após conquistarem a liberdade, as humilhações e sevícias sofridas dificultaram o convívio social desses indivíduos:

> *Isso fica marcado indelevelmente, profundamente sabe? Não dá pra dizer "Não, tá legal!", não dá! Eu às vezes*

> *tenho vontade de me suicidar. Me dá vontade de me suicidar. Aí eu começo a dizer poemas, a ler em voz alta, fazer ginástica, sabe?* (SCHATZMANN E, 2014).
>
> *Esse trauma fica pra toda a vida. Fica pro resto da vida. Não adianta, é interessante, você fica dois, três meses sem nem pensar nisso, aí depois, começa a pensar quase todos os dias. Eu não consegui, por exemplo, ler o livro do Celso [Martins], nenhum livro do Celso eu não consegui ler. Fui ver o documentário [Audácia], não consegui ver. Eu vivi aquilo ali e não são coisas boas que eu vivi, então eu não consigo ver* (SERPA, 2011).

Os familiares daqueles que não foram presos sofreram tanto quanto os militantes encarcerados:

> *Eu, de vez em quando, parece que eu vejo que tem alguém andando atrás de mim, me seguindo [...]. Uma coisa que me mexe muito... Quando passa carro da polícia. Me incomoda. [...] Isso ainda hoje me incomoda. Não consigo.* (SCHATZMANN LS, 2014).

Além de lutar contra os reflexos diretos das prisões e torturas, os militantes ainda precisavam enfrentar a propaganda do governo que transformara, com a ajuda da imprensa, o comunismo no inimigo interno a ser combatido.

Subversivo, terrorista e guerrilheiro, eram as expressões preferidas de veículos da comunicação como a *Revista Veja* que trabalhavam informalmente para o governo auxiliando na identificação dos tais inimigos da nação. Apesar de essas imagens estarem, geralmente,

> [...] associadas a grupos políticos que simplesmente radicalizavam, por meio da violência, sua política — o que incluía grupos de esquerda e de direita — era, sobretudo, ao temido comunismo que estes inimigos eram associados (CARVALHO; NASCIMENTO, 2014, p. 160).

Ademais, a resistência de certos setores dentro do próprio PCB em manter as lutas históricas do partido levou à cisão da sigla no X Congresso Extraordinário, em 1992, e à fundação do PPS:

> *Olha, tu não tem ideia o que é tu participar da mudança do nome que eu várias vezes... Me deu vontade... Eu cheguei a levantar, mas não dei os passos pra sair da sala, sabe? Mas eu estava certo, viu? Eu tinha que ter ido embora, porque o que virou o Partido Comunista que é o atual PPS...* (SCHATZMANN LS, 2014).

Os efeitos das prisões ainda podem ser sentidos entre aqueles militantes do PCB. O medo estampado no rosto de Osni Rocha, no documentário Ditadura Reservada, quando o amigo Edgar Schatzmann o provoca dizendo que as câmeras usadas no filme pertencem ao governo, assim como a recusa de Arão Slutzk em contar a história de sua ação política, são exemplos de como o regime ditatorial foi competente no intento de desarticular o partido e a militância em Joinville. Sobrou aos militantes comunistas a memória coletiva, como pensou Silva (2009), vista nos acontecimentos ao longo do tempo. Ela é o que ficou no passado desse grupo que não está presente nas instituições detentoras do poder.

Algumas marcas não ficam apenas na memória, mas são sentidas todos os dias:

> *Mas que ficou sequela na nossa família, ficou [...]. Ainda hoje [...] tenho muito medo que ele cometa suicídio. Quantas vezes... Eu não dormia direito [...]. Principalmente porque ele tinha aquele problema de asma e aí ele não usava a bombinha. Ele escondia. Quantas vezes eu acordava e cadê o Edgar do meu lado? Eu saía correndo e ele estava aqui na frente caído. Eu chamava um táxi e corria com ele pro hospital com falta de ar e o médico dizia "Meu deus do céu, não sei como esse homem chegou vivo aqui!". Ele tentou várias vezes, várias vezes. Por isso que o meu sono é assim, se eu estou deitada e cai uma folha lá fora eu já... Tudo sempre de sobressalto, sabe? [...] Além da gente sofrer eu tinha de cuidar dele. [...] Em [19]71, quando ele foi preso na feira e eu fui também porque eu disse "Não, eu vou até o fim contigo!"* (SCHATZMANN LS, 2014).

De todos os depoimentos que li e gravei, esse foi o mais impactante, o mais difícil de transcrever. É impossível compreender o que se passa na cabeça de alguém que tenta o suicídio sabotando a própria doença, esperando a morte chegar enquanto sufoca e agoniza sozinho.

5

A LUTA CONTINUA, CAMARADAS!

Estudar a resistência comunista em Joinville, por meio das prisões ocorridas durante a OBV, em 1975, focando na memória dos atingidos pela operação, possibilitou uma construção sócio-histórica de fatos ainda pouco conhecidos no que tange a ditadura militar brasileira, como a ação dos comunistas catarinenses, por exemplo.

Para que essa análise fosse consistente, foi necessária uma discussão bibliográfica sobre a importância da memória para a construção social e histórica: a memória subterrânea como parte fundamental da historiografia, compreendendo os mecanismos de rememoração, a produção da memória coletiva e individual. Depois, foi preciso estudar o comunismo no Brasil e o fenômeno que transformou os comunistas em "inimigos do ocidente" no cenário político brasileiro do século XX, por meio da imprensa e da criminalização dos militantes, ao mesmo tempo em que foi preciso compreender quem eram esses militantes em Joinville e como se organizaram. Tive, ainda, que investigar o golpe civil-militar brasileiro como parte de um fenômeno ocorrido não só no Brasil, mas por toda a América Latina e como o regime afetou a cidade de Joinville, local onde os militantes comunistas estudados agiam e foram presos.

Desde os primeiros instantes da ditadura militar, os poucos militantes do PCB joinvilense agiam clandestinamente, procurando fazer oposição e lutando pela redemocratização, seja por meio do MDB, dos sindicatos ou do movimento estudantil. As prisões desencadeadas pela operação serviram para desarticular o partido em Santa Catarina, e os poucos que permaneceram em liberdade, a maior parte familiares, se organizaram e se articularam para denunciar as prisões e as torturas, lutando pela liberdade dos presos políticos.

"Daí nós se fortalecemos [sic], né? Pra ficar mais juntas [...] pra poder viajar" (ROCHA M, 2011).

A derrota dos políticos da Arena para o MDB, no pleito de 1974, com ampla participação dos militantes comunistas e o fato da maior parte dos grupos de resistência armada, naquele momento, já terem sido eliminados, aliados à descoberta da gráfica clandestina do PCB, trouxe o partido ao centro das atenções da repressão. Era necessário eliminar a participação do Partidão nos estados onde ele estava mais bem organizado, a fim de garantir que nenhum inimigo dos apoiadores da ditadura teria força para combatê-lo. Para isso, os militares desencadearam a chamada Operação Radar que tinha como objetivo, a destruição do comando central do PC, além de outras operações de menor porte, em vários estados, para desarticular a militância. Entre elas estava a OBV.

Se a maioria dos grupos armados já havia sido eliminada, houve, por parte do Estado, o desejo de extinguir o seu pior inimigo antes de se completar o processo de distensão e a transição democrática para o governo civil proposto pelo ditador Ernesto Geisel, bem como garantir a manutenção das estruturas sociais criadas pela ditadura. Os militantes comunistas foram, então, sequestrados, deixados incomunicáveis, torturados, mantidos presos acima do prazo legal e muitos deles tiveram as famílias diretamente atingidas, pois eram casados e/ou tinham filhos pequenos.

Apesar da repressão, a militância do PCB prosseguiu agindo no movimento estudantil por toda Santa Catarina e dentro do MDB, principalmente por meio da Juventude do partido. A militância defendia um programa que levasse ao restabelecimento da democracia no Brasil, pautado, principalmente, na anistia política, nas eleições diretas, no fim da censura, no direito de greve e na elaboração de uma nova constituinte:

> O ponto alto de todo esse processo ficou conhecido como Novembrada, quando estudantes e populares vaiaram e hostilizaram o então presidente João Figueiredo em 1979. Em consequência, sete

> estudantes foram presos e processados com base na Lei de Segurança Nacional (LSN), quatro deles ativos militantes do PCB (MARTINS 2013, s/p).

Muito dessa luta ficou gravada em livros de história, em relatos da autoridade constituída e/ou imposta, na imprensa e em documentos oficiais. É certo que boa parte do material produzido a respeito está permeado pelo espectro da história oficial, da história dos vencedores.

Ainda que a anistia almejada pelos militantes comunistas (redemocratização, direitos civis, liberdade de imprensa etc.), tenha se concretizado, essa se deu de forma incompleta. Aqueles que estiveram no poder durante a ditadura militar se perpetuaram por meio de arranjos políticos, seja com a criação de partidos surgidos no seio da Arena, seja pelo poder econômico e pelas alianças com os conglomerados midiáticos. Exemplo dessa perpetuação, inclusive, pôde ser visto em 2011, quando a então ministra chefe da Casa Civil, Dilma Rousseff, foi interrogada no Senado (SENADO NOTÍCIAS, 2020) e teve que responder ao senador Agripino Maia sobre os dias em que esteve sob tortura. Maia foi nomeado prefeito de Natal em 1979 pelo governador Lavoisier Maia, seu primo. Ambos faziam parte da Arena, e representavam os interesses da ditadura no Rio Grande do Norte. O senador insinuou que se a futura presidenta mentira, quando foi presa pela repressão, poderia estar mentindo novamente.

Por isso, ainda que a ditadura tenha sido derrotada, diferente do que ocorreu nos vizinhos do cone sul, como Argentina e Chile, os idealizadores e mantenedores do regime ditatorial brasileiro saíram vitoriosos, sem serem sequer julgados por seus crimes. Torturadores como o Bel. Lucio Jaimes Acosta, responsável por parte das torturas ocorridas em Florianópolis durante a OBV, hoje levam a vida tranquilamente, recebendo aposentadoria pelos "serviços prestados ao estado brasileiro".

Existe, sim, muito material sobre os eventos marcantes da história de Santa Catarina durante a ditadura militar. A Novembrada talvez seja o mais conhecido desses eventos. Porém, sobre o que aconteceu nos porões da ditadura, ainda existe um hiato, um silêncio ensurdecedor que abafa a voz daqueles que estiveram nos subterrâneos, que permaneceram nas mãos da repressão e que sofreram todo tipo de sevícia.

Mesmo que alguns advogados tenham tentado chamar a atenção da justiça para as prisões irregulares e para os casos de tortura, por exemplo, os documentos oficiais da época desconsideravam tal situação e aqueles produzidos pelos próprios presos não eram levados em consideração:

> Calou-se o Procurador em relação aos casos de tortura [ocorridos durante a OBV]. A palavra dos acusados pouco valia para que fosse instaurada uma sindicância ou um processo judicial. As representações anticomunistas novamente entraram em cena: os acusados, comunistas que eram, tentavam confundir a todos, fazendo-se de vítimas. As torturas não foram sequer mencionadas. De forma lacônica descreveu suas alegações finais, voltando-se para o militante de origem estrangeira como aquele que seria o comunista mais perigoso, solicitando a decretação de pena para a maioria dos acusados. [...] Havia uma proteção aos agentes policiais e as denúncias caíram no vazio (TORRES, 2009, p. 182).

Infelizmente, as ações dos militantes atingidos pela ditadura ainda são uma página pouco lida da história recente de Santa Catarina. História de pessoas que, aos poucos, vão morrendo e ficando no esquecimento. Os depoimentos dos militantes presos em Joinville são como vozes coletivas. Eles representam as relações sociais daqueles indivíduos, a partir da experiência apropriada por meio da ação conjunta. Uma experiência que nada mais é do que um diálogo entre passado e presente.

A memória, como afirmou Pollak (1992), é seletiva. Nem tudo permanece gravado. E, de acordo com Halbwachs (2006), mesmo que sejam os indivíduos os que possuem o poder da lembrança, são os grupos sociais a que pertencem que determinam o que será e como será memorável. E com os militantes comunistas não seria diferente. Porém, nesse caso, o sofrimento sentido com as torturas físicas e psicológicas, fez com que criassem mecanismos de esquecimento. Edgar Schatzmann, por exemplo, faz piadas o tempo todo sobre a vida e sobre o que passou; parece mais fácil rir do sofrimento, transformando as memórias ruins em algo animador, ainda que os pesadelos sejam recorrentes depois de mais de 40 anos.

Parafraseando Bourdieu (2008, p. 9), como não experimentar um sentimento de inquietação no momento de tornar públicas memórias privadas, advindas de uma relação de confiança estabelecida entre duas pessoas?

Coube-me fazer a interpretação dessas memórias respeitando-as e compreendendo-as como parte importante da vida dos indivíduos que aceitaram se expor. A voz embargada de Antônio Justino ao lembrar da visita do filho na prisão, a dificuldade dele de falar sobre as sevícias que sofreu enquanto esteve nas mãos do Estado, a lembrança de Edgar dando apoio e consolando o companheiro de cela que o denunciou sob tortura, as filhas de Júlio Serpa que se apegaram a coisas pequenas e, aparentemente, sem valor, como um chiclete ou um caderno escolar, são reflexos das condições sociais das quais aquelas pessoas são o produto e que, apesar de permanecer no discurso transcrito, estão em nuances mais subjetivas na pronúncia, na linguagem do corpo e nos silêncios que compõem as peças fundamentais na construção social dessas pessoas. São "as causas e as razões que elas têm de ser como são" (BOURDIEU, 2008, p. 10).

Bourdieu (1998, p. 189), em *A ilusão biográfica*, afirma que:

> Tudo leva a crer que o relato de vida tende a aproximar-se do modelo oficial de si [...]. O 143 objetivo desse discurso, isto é, a representação pública e, logo, a oficialização de uma representação privada de sua própria vida, pública ou privada, implica um aumento de coações e de censuras específicas.

Em alguns casos, porém, a afirmação de Bourdieu se torna inválida, como por exemplo, nos presos em campos de concentração estudados por Agamben (2008, p. 95):

> É uma aporia da mesma espécie a que Wiesel compendiou com o apotegma: "Vivo, portanto sou culpado", acrescentando logo depois: "Estou aqui porque um amigo, um companheiro, um desconhecido morreu no meu lugar". A mesma explicação aparece em Ella Lingens, como se o sobrevivente pudesse viver se fosse no lugar do outro: "Por acaso, cada um de nós que voltou não carrega consigo um sentimento de culpa que, pelo contrário, os nossos carrascos provam tão raramente: 'eu estou vivo porque os outros morreram no meu lugar'?"

Para Agamben (2008, p. 107), "não se trata de derrotar o espírito de vingança para assumir o passado. [...] Nem se trata de manter com firmeza o inaceitável por meio do ressentimento". Depois que o indivíduo testemunha algo traumatizante, como os campos de concentração ou as torturas da OBV, o que se tem é um acontecimento que eternamente volta, um horror transformado em vergonha e culpa pelos que sucumbiram.

Não se pode dizer, portanto, que ao se recusar a falar das torturas, os presos procuram construir uma imagem "oficial" socialmente aceitável de si, mas sim que, nesses casos, não falar é evitar que o fato aconteça novamente, é lutar contra esse "acontecimento que eternamente volta", é como se ao não falar, ao não lembrar, aquilo não houvesse acontecido e a vergonha ou a culpa deixassem de existir.

Os efeitos deixados pela repressão nos militantes de Joinville e em suas famílias foram avassaladores, tanto política quanto socialmente. Na vida social, a depressão e/ou o alcoolismo atingiram quase todos os presos. O suicídio, por exemplo, ainda é, mesmo depois de quatro décadas, um pensamento constante na vida de Edgar Schatzmann, o câncer decorrente do abuso de álcool e tabaco que atingiu Júlio Serpa é, também, resultado das sevícias do cárcere. Politicamente, houve uma devastação do partido. Com a redemocratização o PCB não conseguiu readquirir a força necessária para rearticular a organização da classe trabalhadora na cidade e, com a cisão que deu origem ao PPS, em 1992, a militância comunista institucionalizada se dissipou.

A dificuldade em trazer essas memórias à tona, contando a própria história de vida, como afirma Pollak (1992), assim como o fato de alguns militantes já terem falecido, foram os maiores percalços transcorridos durante a pesquisa para esta obra e para superá-los foi de grande importância trabalhos realizados por outros pesquisadores, como o acervo de entrevistas orais do Arquivo Histórico de Joinville e os documentários Audácia e Ditadura Reservada.

O processo de anistia, desencadeado pela ditadura em 1979, permitiu aos presos a liberdade, mas, em contrapartida, garantiu a impunidade aos agentes do Estado envolvidos com a repressão, isentando-os dos crimes que cometeram. Por isso, este livro tem como função primordial garantir que a memória daqueles que lutaram contra a ditadura não seja apagada, pois esquecer o que aconteceu em Santa Catarina durante a OBV é condenar uma segunda vez os indivíduos que lutaram pela redemocratização.

Por fim, esse livro contribui com uma produção sócio-histórica capaz de compreender os militantes do PC em Joinville como indivíduos que fizeram parte de uma experiência coletiva transformadora, não só da vida deles, mas da sociedade da qual eles fazem parte. Uma experiência singular que foi da opção pela luta armada, com treinamentos de guerrilha urbana e rural, à repressão violenta do Estado, com sequestros, prisões e torturas, em uma cidade cujo ambiente era adverso para a militância, marcado não apenas pela posição política majoritariamente favorável ao golpe, mas também pela emergência de estratégias empresariais de cooptação do operariado.

Ficou evidente durante a construção dessa obra que a ação dos militares, desencadeando a OBV, ocorreu como forma de impossibilitar a organização do PCB em Santa Catarina. Além disso, com a realização deste livro surgiram outros possíveis problemas a serem tratados como, por exemplo, a ação dos empresários da cidade no apoio à ditadura militar, as ações do MDB na Câmara de Vereadores do município durante o mesmo período e a participação das mulheres joinvilenses na luta contra a ditadura, assim como a organização sindical e a dificuldade de articulação na trajetória do Partido dos Trabalhadores (PT) em um município formado por maioria de trabalhadores industriais.

É preciso ressaltar, ainda, que este livro se torna mais uma fonte para que a memória de Santa Catarina permaneça viva e para que a luta dos militantes não seja esquecida: *"se voltasse a ditadura militar, faria tudo de novo, diria pra todo mundo se unir pra não acontecer o que acontecia"* (ROCHA O, 2011).

REFERÊNCIAS

Bibliografia

AGAMBEN, Giorgio. **O que resta de Auschwitz:** o arquivo e a testemunha. São Paulo: Boitempo, 2008.

AGOSTI, Aldo. Um balanço dos comunistas europeus. *In:* LAGOA, Maria Izabel; MAZZEO, Antônio Carlos (org.). **Corações Vermelhos:** os Comunistas Brasileiros no Século XX. São Paulo: Cortez, 2003.

ALMEIDA, Lúcio Flávio Rodrigues de. Insistente desencontro: o PCB e a revolução Burguesa no período 1945-1964. *In:* LAGOA, Maria Izabel; MAZZEO, Antônio Carlos (org.). **Corações Vermelhos:** os Comunistas Brasileiros no Século XX. São Paulo: Cortez, 2003.

ALVES, Maria Helena Moreira. **Estado e oposição no Brasil (1964-1984).** 2. ed. Petrópolis: Vozes, 1984.

ANDRADE, Lédio Rosa de. **Abaixo as ditaduras:** história do Movimento Estudantil Catarinense 1974-1981. Florianópolis: Conceito, 2010.

ASSUNÇÃO, Luís Fernando. **Assassinados pela ditadura:** Santa Catarina. Florianópolis: Insular, 2004.

ARNS, D. Paulo Evaristo. (org.). **Um relato para história:** Brasil nunca mais. 6. ed. Rio de Janeiro: Vozes, 1985.

BENJAMIN, Walter. **Magia e técnica, Arte e Política.** Ensaios sobre Literatura e história da cultura. 3. ed. São Paulo: Editora Brasiliense, 1987.

BETO, Frei. **Batismo de sangue.** São Paulo: Círculo do livro, 1982.

BOLSONARO, Jair Messias. Discurso do Presidente da República, Jair Bolsonaro, durante Cerimônia de Posse no Congresso Nacional. 1º de Janeiro de 2019. *In:* FOLHA DE SÃO PAULO. **Leia a íntegra do discurso de Bolsonaro na cerimônia de posse no Congresso:** uma de minhas prioridades é proteger e revigorar a democracia brasileira, disse o presidente. Disponível em: https://www1.folha.uol.com.br/poder/2019/01/leia-a-integra-do-discurso-de-bolsonaro-na-cerimonia-de-posse-no-congresso.shtml. Acesso em: 02 dez. 2020.

BOURDIEU, Pierre (org.). **A miséria do mundo.** 7. ed. Rio de Janeiro: Vozes, 2008.

BOURDIEU, Pierre. O que falar quer dizer. *In:* BOURDIEU, Pierre (org.). **Questões de sociologia.** Rio de Janeiro: Marco Zero, 1983, p. 75-88.

BOURDIEU, Pierre. A ilusão biográfica. *In:* FERREIRA, Marieta de Morais; AMADO, Janaína. (org.). **Usos e abusos da história oral.** 2. ed. Rio de Janeiro: Fundação Getúlio Vargas, 1998, p. 183-192.

CERTEAU, Michel de. **A escrita da história.** 3. ed. Rio de Janeiro: Forense, 2015.

D'ARAÚJO, Maria Celina; CASTRO, Celso; SOARES, Gláucio Ary Dillon. **Os anos de chumbo:** a memória militar sobre a repressão. Rio de Janeiro: Relume Dumará, 1994.

DERETI, Miraci. Os palhaços. *In:* PETRY, Cristóvão. (org.). **Os palhaços:** texto teatral censurado em 1968. Florianópolis: Nauemblu & Arte, 2008.

DREIFUSS, René Armand. **1964:** A conquista do Estado – Ação Política, Poder e Golpe de Classe. 3. ed. Rio de Janeiro: Vozes, 1981.

ELIAS, Nobert. A sociedade dos indivíduos. *In:* SCHÖTER, M. (org.). **A sociedade dos indivíduos.** Rio de Janeiro: Ed. Jorge Zavar, 1994, p. 11-59.

ELIAS, Nobert; SÁ, Jair Ferreira de. **Imagens da Revolução:** documentos políticos das organizações de esquerda dos anos 1961-1971. Rio de Janeiro: Marco Zero, 1985.

FOUCAULT, Michel. **El orden del discurso.** Buenos Aires: Ed. Tusquets, 1992.

GASPARI, Elio. **A ditadura envergonhada.** São Paulo: Companhia das Letras, 2002a.

GASPARI, Elio. **A ditadura escancarada.** São Paulo: Companhia das Letras, 2002b.

GUEDES, Sandra Paschoal Leite de Camargo; NETO, Wilson de Oliveira; OLSKA, Marília Gervasi. **O exército e a cidade.** Joinville: Editora da Univille, 2008.

HALBWACHS, Maurice. **A memória coletiva.** São Paulo: Centauro, 2006.

HOLANDA, Heloísa Buarque de. **Cultura e participação nos anos 60.** 6. ed. São Paulo: Brasiliense, 1982.

LE GOFF, Jacques. **História e memória.** Campinas: Editora da Unicamp, 1990.

LOBO, Eulalia Maria Lahmeyer. **América Latina Contemporânea.** Rio de Janeiro: Zahar Editores, 1970.

MAGALHÃES, Marionilde Brepohl de. **Pangermanismo e nazismo:** a trajetória alemã rumo ao Brasil. Campinas: Ed. da Unicamp, 1998.

MARIANI, Bethania. **O PCB e a imprensa:** os comunistas no imaginário dos jornais (1922-1989). Rio de Janeiro: Revan, 1998.

MARTINS, Celso. **Os comunas:** Álvaro Ventura e o PCB catarinense. Florianópolis: Paralelo 27 – Fundação Franklin Cascaes, 1995.

MARTINS, Celso. **Os quatro cantos do sol.** Florianópolis: Ed. Da UFSC/ Fundação Boiteux, 2006.

MARX, Karl; ENGELS, Friedrich. **Manifesto do Partido Comunista.** São Paulo: Sundermann, 2003.

MELO, Demian Bezerra de. O caráter de classe do golpe de 1964 e a historiografia. *In:* SILVA, Carla Luciana *et al.* (org.). **Ditaduras e democracias:** estudos sobre poder, hegemonia e regimes políticos no Brasil 1945-2014. Porto Alegre: FCM Editora, 2014, p. 89-109.

MICHAELIS. **Dicionário Prático da Língua Portuguesa.** São Paulo: Melhoramentos, 2008.

NORA, Pierre. **Realms of Memory:** the construction of the French Past. Nova Iorque: Columbia University Press, 1996.

SEGATTO, José Antônio. O PCB e a revolução nacional democrática. *In:* LAGOA, Maria Izabel; MAZZEO, Antônio Carlos (org.). **Corações Vermelhos:** os Comunistas Brasileiros no Século XX. São Paulo: Cortez, 2003.

THOMPSON, Edward Palmer (org.). **Exterminism and Cold War.** Londres: Verso/New Left Books, 1982, p. 20-24.

VIANNA, Marly. A ANL (Aliança Nacional Libertadora). *In:* LAGOA, Maria Izabel; MAZZEO, Antônio Carlos (org.). **Corações Vermelhos:** Os Comunistas Brasileiros no Século XX. São Paulo: Cortez, 2003.

VICTORES, Ricardo Martínez. 7 **RR la história de Radio Rebelde:** testimonio. 2. ed. Ciudad de La Habana: Politica, 2008.

Congressos e eventos

FABRÍCIO, Edison Lucas. Os arautos da ordem: catolicismo e imaginário anticomunista. *In:* CONGRESSO INTERNACIONAL DE HISTÓRIA, 4., 2009, Maringá. **Anais** [...]. Maringá: Universidade Estadual de Maringá (UEM), 2009. p. 2671-2683.

FREIRE, Izaias de Souza. Relações entre o empresariado e o regime militar numa cidade operária (Joinville: 1964-1975). *In:* ENCONTRO ESTADUAL DE HISTÓRIA "1964-2014: MEMÓRIAS, TESTEMUNHOS E ESTADO" 15., 2014, Florianópolis. **Anais** [...]. Florianópolis: Universidade Federal de Santa Catarina (UFSC), 2014, p. 01-14.

MÜLLER, Ricardo Gaspar. Exterminismo e luta de classe em E. P. Thompson: contradição e realismo. *In:* CONFERÊNCIA ANUAL DA ASSOCIAÇÃO INTERNACIONAL PARA O REALISMO CRÍTICO (IACR), 12., 2009, Niterói. **Anais** [...]. Niterói: Universidade Federal Fluminense (UFF), 2009.

SOUZA, Eliton Felipe de. Operação Condor: o cone sul nas asas do terror. *In:* 158 SEMINÁRIO NACIONAL SOCIOLOGIA & POLÍTICA,

5., 2014, Curitiba. **Anais** [...]. Curitiba: Universidade Federal do Paraná (UFPR), 2014.

Documentos eletrônicos

LUCA, Derlei Catarina de. **Lista de presos políticos NORDESTE de SC** [mensagem pessoal]. Mensagem recebida por e-mail em 13 maio 2014.

Documentos oficiais

BRASIL. **Decreto-lei n.º 898.** Define os crimes contra a segurança nacional, a ordem política e social, estabelece seu processo e julgamento e dá outras providências. Lex: Presidência da República, Brasília, 29 set. 1969a.

BRASIL. **Decreto-lei n.º 1002.** Da lei de processo penal militar e da sua aplicação. Lex: Presidência da República, Brasília, 21 out. 1969b.

COMISSÃO NACIONAL DA VERDADE – CNV. **Relatório preliminar de pesquisa:** centros clandestinos de violação de direitos humanos parte 01. Brasília, abr. 2014a.

COMISSÃO NACIONAL DA VERDADE – CNV. **Relatório preliminar de pesquisa:** centros clandestinos de violação de direitos humanos parte 02. Brasília, abr. 2014b.

COMISSÃO NACIONAL DA VERDADE – CNV. **Relatório da Comissão Nacional da Verdade.** Brasília, 10 dez. 2014c.

COMISSÃO ESTADUAL DA VERDADE PAULO STUART WRIGTH – CEVPSW. **Relatório final.** Florianópolis, nov. 2014.

DEPARTMENT OF STATE. Consulado estadunidense em Curitiba, PR. **Political situation in Santa Catarina – May 1965.** Curitiba, 17 maio 1965a.

DEPARTMENT OF STATE. Consulado estadunidense em Curitiba, PR. **Santa Catarina UDN nominates young turk for governor.** Curitiba, 28 maio 1965b.

ESTADO DE SANTA CATARINA. Secretaria de estado dos negócios da segurança pública: instituto de identificação. **Boletim de Informações.** Florianópolis, 07 abr. 1971.

ESTADO DO PARANÁ. Secretaria de segurança pública: Delegacia de Ordem Política e Social – Dops. **Serviço de Informações.** Curitiba, 17 ago. 1972.

SECRETARIA DE DIREITOS HUMANOS – COMISSÃO ESPECIAL SOBRE MORTOS E DESAPARECIDOS POLÍTICOS. **Acervo – Mortos e desaparecidos políticos:** Ficha descritiva José Roman. Brasília, 06 ago. 2009.

SOUZA, João Jorge Machado; MOTTA, Roberto João; CESKIN, Irineu *et al.* **[Ilegível] das declarações dos presos políticos da "Operação Barriga Verde**, 1976. Florianópolis, 23 fev. 1976. Acervo pessoal de Antônio Acir Breda.

Entrevistas orais

BAAD, Afonso Paulo. Depoimento. [Entrevista cedida a L. Madel]. **Projeto História do Batalhão de Joinville**. Joinville: Laboratório de história oral da Univille, 2005.

BENDER, Nilson Wilson. Depoimento. [Entrevista cedida a Fabrício Porto e Fábio Porto]. **Documentário Ditadura Reservada**, Joinville, 2011.

BREDA, Antônio Acir. Depoimento. [Entrevista cedida a Eliton Felipe de Souza]. **Projeto de mestrado "Eu também fui torturado", as memórias dos militantes comunistas de Joinville sobre o regime civil-militar brasileiro,** Curitiba, 2014.

BITTENCOURT, Rosemarie Cardoso. Depoimento. [Entrevista cedida a Chico Pereira]. **Documentário Audácia,** Joinville, 2009.

BITTENCOURT, Rosemarie Cardoso. [Entrevista cedida a Fabrício Porto e Fábio Porto]. **Documentário Ditadura Reservada**, Joinville, 2011.

FERNANDES, Catarina Costa. Depoimento. [Entrevista cedida a W. K. Michels]. **Acervo do Laboratório de História Oral da Univille**, Joinville, 2003.

FRANCISCO (nome fictício). 62º BI. *In:* GUEDES, Sandra P. L. de C.; NETO, Wilson de O.; OLSKA, Marília G. **O exército e a cidade.** Joinville: Editora da Univille, 2008.

FRANCISCO, Eli. Depoimento. [Entrevista cedida a Alexandre Perger]. **Projeto de mestrado "Eu também fui torturado", as memórias dos militantes comunistas de Joinville sobre o regime civil-militar brasileiro,** Joinville, 2014.

IMHOF, Afonso. Depoimento. [Entrevista cedida a Eliton Felipe de Souza]. **Projeto de mestrado "Eu também fui torturado", as memórias dos militantes comunistas de Joinville sobre o regime civil-militar brasileiro,** Joinville, 2014.

JUSTINO, Antônio. Depoimento. [Entrevista cedida a Chico Pereira]. **Documentário Audácia,** Joinville, 2009.

LEMOS, Luiz Carlos Fagundes. Depoimento. [Entrevista cedida a Alexandre Perger]. **Projeto de mestrado "Eu também fui torturado", as memórias dos militantes comunistas de Joinville sobre o regime civil-militar brasileiro,** Joinville, 2014.

MAUS, Sigfrido. Depoimento. [Entrevista cedida a Chico Pereira]. **Documentário Audácia,** Joinville, 2009.

MARTINS, Celso. [Entrevista cedida a Fabrício Porto e Fábio Porto]. **Documentário Ditadura Reservada**, Joinville, 2011.

OLIVEIRA, Torbírio. Depoimento. [Entrevista cedida a Marília Gervasi Olska e Wilson de Oliveira Neto]. **Projeto Memórias de Angola**, Joinville, 2003.

ROCHA, Maria da Glória. Depoimento. [Entrevista cedida a Sirlei de Souza]. **Projeto Ecos de resistência na desconstrução da ordem**: uma análise da Revolução de 64 em Joinville, Joinville, 17 mar. 1997.

ROCHA, Maria da Glória. [Entrevista cedida a Fabrício Porto e Fábio Porto]. **Documentário Ditadura Reservada**, Joinville, 2011.

ROCHA, Osni. [Entrevista cedida a Fabrício Porto e Fábio Porto]. **Documentário Ditadura Reservada**, Joinville, 2011.

SCHATZMANN, Edgar. Depoimento. [Entrevista cedida a SM. J. Pavesi]. **Acervo do Arquivo Histórico de Joinville,** Joinville, 1 out. 1997.

SCHATZMANN, Edgar. Depoimento. [Entrevista cedida a Chico Pereira]. **Documentário Audácia,** Joinville, 2009.

SCHATZMANN, Edgar. [Entrevista cedida a Fabrício Porto e Fábio Porto]. **Documentário Ditadura Reservada**, Joinville, 2011.

SCHATZMANN, Edgar. Depoimento. [Entrevista cedida a Eliton Felipe de Souza]. **Projeto de mestrado "Eu também fui torturado", as memórias dos militantes comunistas de Joinville sobre o regime civil-militar brasileiro,** Joinville, 2014.

SCHATZMANN, Lúcia Schinato. [Entrevista cedida a Fabrício Porto e Fábio Porto]. **Documentário Ditadura Reservada**, Joinville, 2011.

SCHATZMANN, Lúcia Schinato. Depoimento. [Entrevista cedida a Eliton Felipe de Souza]. **Projeto de mestrado "Eu também fui torturado", as memórias dos militantes comunistas de Joinville sobre o regime civil-militar brasileiro,** Barra do Sul, 2014.

SCHATZMANN, Lúcia Schinato. Depoimento. [Entrevista cedida a Eliton Felipe de Souza]. **Projeto de mestrado "Eu também fui torturado", as memórias dos militantes comunistas de Joinville sobre o regime civil-militar brasileiro,** Joinville, 2014.

SERPA, Júlio Adelaido. [Entrevista cedida a Fabrício Porto e Fábio Porto]. **Documentário Ditadura Reservada**, Joinville, 2011.

SERPA, Júlio Adelaido. Depoimento. [Entrevista cedida a Chico Pereira]. **Documentário Audácia,** Joinville, 2009.

SERPA, Zilma G. Depoimento. [Entrevista cedida a Chico Pereira]. **Documentário Audácia,** Joinville, 2009.

SERPA, Margarete. Depoimento. [Entrevista cedida a Chico Pereira]. **Documentário Audácia,** Joinville, 2009.

SERPA, Viviane. Depoimento. [Entrevista cedida a Chico Pereira]. **Documentário Audácia,** Joinville, 2009.

SILVA, Ramiro Gregório. Depoimento. [Entrevista cedida a Sandra Paschoal Leite de Camargo Guedes]. **Projeto de pesquisa História da Associação Atlética Tupy (AAT),** Joinville, 2006.

SOUZA, Sirlei. [Entrevista cedida a Fabrício Porto e Fábio Porto]. **Documentário Ditadura Reservada,** Joinville, 2011.

VERZOLA, Alécio. Depoimento. [Entrevista cedida a Chico Pereira]. **Documentário Audácia,** Joinville, 2009.

WACHTEL, Nathan. Depoimento. [Entrevista concedida a Agnes Alencar e Rodrigo Elias] **Revista de história,** Rio de Janeiro, 2 jan. 2012.

Filmografia

PEREIRA, Chico; CAMPAGNA, Zuleica. **Audácia.** [Filme-documentário]. Direção: Chico Pereira; produção-executiva: Zuca Campagna. Florianópolis, 2009. DVD, 52min. Cor, som.

PORTO, Fabrício. **Ditadura Reservada.** [Filme-documentário]. Produção e direção: Fabrício Porto. Joinville, Guarda Filmes, 2011. DVD, 79 min. Cor, som.

Periódicos diversos e revistas científicas

5ª RM/DE. COMUNICADO do comando da 5ª RM/DE. **O Estado,** Florianópolis, 8 nov. 1975.

ARAUJO, Cicero. O processo constituinte brasileiro, a transição e o Poder Constituinte. **Lua Nova**, São Paulo, n. 88, p. 327-380, 2013.

ASSMANN, Selvino José; LEIS, Héctor Ricardo. Aproximações entre a ditadura e a democracia. **Ciências Sociais Unisinos,** São Leopoldo, v. 46, n. 2, p. 116-120, maio/ago. 2010.

BERTAUX, Daniel. El enfoque biográfico: su validez metodológica, sus potencialidades. **Proposiciones,** Santiago, n. 29, p. 1-23, mar. 1999.

CANTO, Marival Dias Chaves do. Autópsia da Sombra: o depoimento terrível de um ex-sargento que transitava no mundo clandestino da repressão militar resgata parte da história de uma guerra suja: depoimento. [Entrevista concedida a Expedito Filho]. **Revista Veja,** São Paulo, n. 47, p. 20-32, 18 nov. 1992.

CARVALHO, Tamiris; NASCIMENTO, Fernanda de Santos. O inimigo interno e a ordem política da nação: representações da ditadura civil militar na Revista Veja (1968-1969). **Temporalidades**, Belo Horizonte, v. 6, n. 1, p. 158-174, jan./abr. 2014.

CASADEI, Eliza Bachega. Maurice Halbwachs e Marc Bloch em torno do conceito de memória coletiva. **Espaço Acadêmico**, Maringá, n. 108, p. 153-161, maio 2010.

CENTRO PASTORAL VERGUEIRO. As relações Igreja-Estado no Brasil, 1964-1978. **Caderno de Informações**, São Paulo, n. 2 Fascículo 1, p. 13-14, 1978.

COELHO, Ilanil. Em Joinville a nacionalização assumiu foros de campanha. *In:* THIAGO, Raquel S. (org.). **Tempos de Joinville.** Joinville: Editora da Univille, 2008, p. 31-34.

CORDEIRO, Tiago. Revolução no Brasil. **Aventuras na história.** São Paulo, n. 47, p. 24, jun. 2007.

COSTA, Iara Andrade. Onde estavam os pobres de Joinville? *In:* THIAGO, Raquel S. (org.). **Tempos de Joinville.** Joinville: Editora da Univille, 2008, p. 25-30.

CORREA, Rosario. La aproximación biográfica como opción epistemológica, ética y metodológica. **Proposiciones,** Santiago de Chile, v. 29, p. 1-9, mar. 1999.

DIAS, Cristiane Medianeira Ávila. A ação popular no rio grande do sul: 1964-1968. **Revista Semina,** Passo Fundo, v. 10, p. 1-19, 2º sem. 2011.

FERREIRA, José Gobbo. Ao cadete do meu exército. **Revista do Clube Militar,** Rio de Janeiro, n. 447, nov./dez. 2012 – jan. 2013.

REIS, Daniel Aarão. A ditadura civil-militar. **O Globo**, Rio de Janeiro, 31 mar. 2012.

FILHO, João Roberto Martins. Os Estados Unidos, a Revolução Cubana e a contra-insurreição. **Revista de Sociologia e Política,** Curitiba, n. 12, p. 67-82, 1999.

GARCIA, Murilo dos Santos. Santa Catarina no palco das torturas: a Operação Barriga Verde. **Revista Santa Catarina em História,** Florianópolis, v. 5, n. 2, p. 20-30, 2011.

GAULEJAC, Vincent de. Historias de vida y sociología clínica. **Proposiciones**, Santiago de Chile, v. 29, p. 01-08, 1996.

JORGE, Guilherme Custódio. A greve paulistana de 1917 e suas repercussões. **Revista Santa Catarina em História,** Florianópolis, v. 1, n. 2, p. 10-22, 2007.

KINZO, Maria D'alva G. A Democratização brasileira: um balanço do processo político desde a transição. **São Paulo em Perspectiva,** São Paulo, v. 15, n. 4, p. 03-12, out./dez. 2001.

LEAL, Luana Aparecida Matos. Memória, rememoração e lembrança em Maurice Halbachs. **Linguagem,** São Carlos, n. 18, 2013.

MARIANI, Bethania. As formas discursivas e a ameaça comunista. **Línguas e Instrumentos Linguísticos**, Campinas, n. 44, p. 270-289, jul./dez. 2019.

MÜLLER, Ricardo Gaspar. Exterminismo em E. P. Thompson: luta de 151 classe e humanismo. **Projeto história,** São Paulo, n. 48, p. 01-36, dez. 2013.

OLIVEIRA, Luzia Helena Herrmann de. Rumos da democratização brasileira: a consolidação de um modelo majoritário de democracia. **Revista de Sociologia e Política,** Curitiba, n. 15, p. 11-29, 2000.

PETIT, Píere; CUÉLLAR, Jaime. O golpe de 1964 e a instauração da ditadura civil-militar no Pará: apoios e resistências. **Estudos históricos**, Rio de Janeiro, v. 25, n. 49, p. 169-189, jan./jun. 2012.

POLLAK, Michaell. Memória, Esquecimento, Silencio. **Estudos Históricos**, Rio de Janeiro, v. 2, n. 3, p. 3-15, 1989.

POLLAK, Michaell. Memória e identidade social. **Estudos históricos,** Rio de Janeiro, v. 5, n. 10, p. 200-212, 1992.

RIBEIRO, Jayme Fernandes. Os "inimigos da paz": estado, imprensa e a repressão ao movimento dos "partidários da paz" no Brasil (1950-1956). **SAELUM – Revista de história,** João Pessoa, n. 17, p. 63-79, jul./dez. 2007.

SAMPAIO Jr., Plínio de Arruda. O que está vivo e o que está morto no manifesto comunista? A atualidade do Manifesto na periferia do capitalismo. **Estudos avançados,** São Paulo, v. 12, n. 34, p. 83-86, set./dez. 1998.

SCHMIDT, Maria Luisa Sandoval; MAHFOUD, Miguel. Halbwachs: memória coletiva e experiência. **Psicologia USP**, São Paulo, v. 4, n. 1-2, p. 285-298, 1993.

SILVA, Emanuela Francisca Ferreira. Entre vencedores e vencidos: reflexões sobre história, memória e cesura. **Estação literária,** Londrina, v. 4, p. 15-26, 2009.

SOUZA, Giane Maria de. A Manchester Catarinense e o I Congresso Operário: a difusão do autoritarismo e a gênese do sindicalismo amarelo. **Revista da Univille,** Joinville, v. 12, n. 1, p. 76-83, jun. 2007.

SOUZA, Sirlei. Resistência em tempos sombrios. *In:* THIAGO, Raquel S. (org.). **Tempos de Joinville.** Joinville: Editora da Univille, 2008, p. 101-105.

VIEIRA, Jacy Guilherme. O confronto de duas tendências dentro da hierarquia militar e a última reserva de caça da repressão: o Partido Comunista Brasileiro – PCB. **Textos & Debates,** Boa Vista, v. 1, n. 1, p. 37-44, 1995.

WARREN-SHERER, Ilse. Movimentos sociais no Brasil contemporâneo. **História:** debates e tendências, Passo Fundo, v. 1, n. 1, p. 09-21, jun. 1999.

Sítios na internet

ANDRADA, Alexandre. **O golpe de 64 não salvou o país da ameaça comunista porque nunca houve ameaça nenhuma:** A luta armada comunista, que jamais colocou em risco o governo brasileiro, só emergiu após a implementação da ditadura, não antes. 2018. Disponível em: https://theintercept.com/2018/09/21/farsa-historia-ditadura-militar-comunista/. Acesso em: 02 dez. 2020.

BLUM-KULKA, Shoshana. **Pragmática del discurso.** 2015. Disponível em: https://www.ceip.edu.uy/IFS/documentos/2015/lengua/bibliografia/blum_pragmaticadeldiscurso.pdf. Acesso em: 20 jul. 2013.

BRASIL, Agenor (Alexandre Perger). **A ditadura não matou apenas comunistas.** 2014. Disponível em: http://www.amargem.info/a-ditadura-naomatou-apenas-comunistas/. Acesso em: 1 abr. 2014.

FERNANDES, Pádua; GALINDO, Diego Marques. **Tortura e assassinato no Brasil da ditadura militar:** o caso de Olavo Hansen. 2009. Disponível em: http://www.usp.br/proin/download/artigo/artigo_tortura_assassinato.pdf. Acesso em: 06 out. 2013.

FGV-CPDOC. **Verbete:** Azevedo, Agliberto Vieira de. 2009. Disponível em: http://www.fgv.br/cpdoc/acervo/dicionarios/verbete-biografico/azevedo-agliberto-vieira-de. Acesso em: 09 dez. 2020.

FUNDAÇÂO DINARCO REIS. **Material apreendido durante prisão de Elson Costa.** 2013. Disponível em: https://fdinarcoreis.org.br/fdr/2013/03/05/material-apreendido-durante-prisao-de-elson-costa/. Acesso em: 05 nov. 2014.

GORENDER, Jacob. **A Esquerda Revelada.** 2009. Disponível em: https://www.camara.leg.br/tv/212685-jacob-gorender-a-esquerda-revelada/. Acesso em: 10 jun. 2012.

IANNI, Octávio. **Enigmas do pensamento latino-americano.** 2013. Disponível em: http://www.iea.usp.br/publicacoes/textos/ianniEnigmas.pdf. Acesso em: 25 jul. 2012.

JOSÉ, Emiliano. **Ditadura:** cerco, prisões, torturas e mortes na Bahia. 2014. Disponível em: https://revistaperseu.fpabramo.org.br/index.php/revista-perseu/issue/view/18. Acesso em: 15 maio 2014a.

JOSÉ, Emiliano. **Sobre Ustra, Fleury e outros asseclas.** 2008. Disponível em: https://fpabramo.org.br/2008/12/17/sobre-ustra-fleury-e-outros-asseclas/. Acesso em: 15 maio 2014b.

MARTINS, Celso. "**Operação Barriga Verde**" é tema de livro. 2006. Disponível em: http://terramagazine.terra.com.br/interna/0,,OI-1233242-EI6595,00.html. Acesso em: 10 maio 2013.

MEMORIAL DA DEMOCRACIA. **Governo impõe censura prévia à imprensa:** Censores se instalam nas redações; alternativos têm que mandar textos para Brasilia. 2017. Disponível em: http://memorialdademocracia.com.br/card/governo-impoe-censura-previa-a-imprensa. Acesso em: 04 dez. 2020.

PINHEIRO, Milton. **A ditadura militar no Brasil (1964-1985) e o massacre contra o PCB.** 2012. Disponível em: http://resistir.info/brasil/massacre_pcb.html acesso em: 10 mar. 2013.

RADIO REBELDE. **Portada:** Quiénes Somos. 2020. Disponível em: http://www.radiorebelde.cu/quienes-somos/. Acesso em: 1 ago. 2014.

SENADO NOTÍCIAS. **Mentir sob tortura não é fácil, diz Dilma Rousseff.** 2008. Disponível em: https://www12.senado.leg.br/noticias/materias/2008/05/07/mentir-sob-tortura-nao-e-facil-diz-dilma-rousseff. Acesso em: 26 dez. 2020.

VOZ OPERÁRIA. Rio de Janeiro: PCB, 1949-1959. *In:* BIBLIOTECA NACIONAL DIGITAL. **Voz Operária (RJ) – 1949 a 1959** (acervo Hemeroteca Digital Brasileira). Disponível em: http://bndigital.bn.br/acervo-digital/voz-operaria/154512. Acesso em: 10 dez. 2020.

Teses e dissertações

GREGÓRIO, Mariany. **Resistência armada e memória histórica no Brasil:** estudo de caso da Ação Libertadora Nacional (ALN) na oposição da Ditadura Civil-Militar (1964-1984). 2012. 78f. Dissertação (Mestrado em Sociologia Política) – Programa de Pós-Graduação em Sociologia Política (PPGSP), Universidade Federal de Santa Catarina (UFSC), Florianópolis, 2012.

LENCINA, Daiana Castoldi. **Camarada Aldo Pedro Dittrich:** trajetória profissional, política e repressão (1950-1964). 2011. 164f. Dissertação (Mestrado em História Cultural) – Programa de Pós-Graduação em História (PPGH), Universidade Federal de Santa Catarina (UFSC), Florianópolis, 2011.

SOUZA, Sirlei. **Ecos de resistência na desconstrução da ordem:** uma análise da Revolução de 64 em Joinville. 1998. 145f. Dissertação (Mestrado em História do Brasil) – Programa de Pós-Graduação em História, Universidade Federal de Santa Catarina, Florianópolis, 1998.

TORRES, Mateus Ganba. "**A Justiça nem ao Diabo se há de negar**": A repressão aos membros do Partido Comunista Brasileiro na Operação Barriga Verde (1975 – 1978). 2009. 188f. Dissertação (Mestrado em História) – Programa de Pós-Graduação (PPGH), Universidade do Estado de Santa Catarina (Udesc), Florianópolis, 2009.